Johann Martin Miller · Liederton und Triller

D1724638

Johann Martin Miller
Liederton und Triller

Sämtliche Gedichte

Herausgegeben, kommentiert
und mit einem Nachwort versehen
von Michael Watzka

Elfenbein

Der Text der Gedichte folgt der bei Johann Konrad Wohler
1783 in Ulm verlegten Ausgabe letzter Hand.

Die dem Anhang beigegebene Selbstbiografie Millers erschien
erstmals in der von Johann Philipp Moser und Christian Wilhelm Bock
herausgegebenen »Sammlung von Bildnissen Gelehrter und Künstler,
nebst kurzen Biographien derselben« 1793 in Nürnberg.

Rechtschreibung und Zeichensetzung
wurden behutsam modernisiert.

Originalausgabe
Erste Auflage 2014
© 2014 Elfenbein Verlag, Berlin
Alle Rechte vorbehalten
Druck und Bindung: Finidr, s.r.o.
Printed in the Czech Republic
ISBN 978 3 941184 30 5

*»dem größeren Publikum,
dem er ehedem einigermaßen
nützlich sein zu können glaubte,
oder auch vielleicht nur wähnte«*

VORBERICHT

Schon verschiedene Male bin ich von meinen Freunden und andern Personen gefragt worden, ob ich nicht auch einmal, nach dem Beispiel einiger meiner andern Freunde, meine Gedichte, die in den Almanachen, Taschenbüchern etc., etc. mit und ohne meinen Namen zerstreut herumstehen, sammeln, sichten, durchsehen und in einem Bändchen zusammen abdrucken lassen wolle? Ich bezeigte dazu immer wenig Lust, weil ich den meisten dieser Gedichte keinen besonderen Wert beilege. Auch jetzt wäre mir nicht eingefallen, an diese Sammlung zu denken, wenn mich nicht ein andrer Umstand beinahe dazu genötigt hätte. Was mir nämlich schon vor drei oder vier Jahren gedroht wurde, das wurde mir von einem mir übrigens Unbekannten neuerdings mit allem Ernst gedroht, meine zerstreut herumgedruckten Gedichte, da ich sie doch selbst nicht sammeln wolle, in einem eignen Bändchen herauszugeben. Unmöglich konnte ich der Erfüllung dieser Drohung gleichgültig entgegensehen, wenn ich dachte, was das für eine feine Sammlung auf meine Kosten werden würde. Ich sah schon in Gedanken Gutes und Schlechtes, Erträgliches und Mittelmäßiges, Gefeiltes und Ungefeiltes untereinanderstehen, vermutlich auch, wie dies das gewöhnliche Schicksal solcher unbestellten Sammlungen ist, manche untergeschobene Kinder und Bankert unter den echten und rechtmäßigen Kindern mit hingestellt. Ich sah schon, wie manche, mir vielleicht abholde Rezensenten, beide Backen vollnahmen, um dem armen Dichter seine Blöße, die er sich nicht selber aufgedeckt hatte, vorzuwerfen, und ihn wegen Missgeburten aufzuziehen, von denen er längst seine Hand und seine Liebe abgezogen hatte, Fehler und Schwachheiten an ihm zu rügen, die er längst schon besser eingesehen hat als seine Tadler.

Wer solche Unannehmlichkeiten voraussieht, ist nicht klug,

wenn er ihnen nicht ausweicht. Also tu ichs nun, indem ich selbst diese Sammlung meiner Gedichte veranstalte.

Man findet hier Scherz und Ernst, Phantasie und Wahrheit, angenommene und eigene Empfindungen. Wer mich wegen scherzhafter und froher Empfindung, die man zum Teil in dieser Sammlung antrifft, sauer ansieht und das Maul darüber verzieht, der beweise mir erst, dass er in seinem Leben nie in Gesellschaften gescherzt und gelacht, nie in seiner Jugend geliebt und dadurch etwas von der Bahn der kalten Vernunft und Überlegung abgekommen, nie bei einer Flasche Wein sich etwas zu gut getan und frohe, erhöhtere Empfindungen dabei gehabt hat, eh er einen Stein aufhebt und das Todesurteil über mich ausspricht. Sollts aber auch ein solches sonderbares Geschöpf in Gottes Welt geben, so lass es sich erst von einer Fakultät weiser Menschen ein Gutachten stellen, ob er einen andern deswegen verdammen darf, weil er das ist, was sonst jeder andere ehrliche Mann ist, ein – *Mensch?* Wer sich der Freude schämt – versteht sich, der erlaubten – und ihren Ausbruch zu ersticken sucht, der verdient nicht, eine Welt zu bewohnen, die Gott so reich an Freuden schuf.

Ich könnte auch noch sagen, dass alle diese Gedichte Geschöpfe und Gespielen meiner *Jugend* sind, man siehts aber schon aus der drübergesetzten Jahreszahl.* Und auch jetzt bekenn ich mich noch für einen Freund jeder unschuldsvollen Freude.

Wer mir sagt, dass meine Gedichte viele Fehler und Schwachheiten an sich haben, der sagt mir eine alte Wahrheit, von der ich gewiss besser überzeugt bin als er selbst. Ich schäme mich der Fehler, zumal meiner ersten Versuche, ebenso wenig, als ich mich schäme, ehmals Kinderschuhe getragen und gelallt zu haben. Manches der ältern Gedichte behielt ich bloß wegen des Leichten und Jugendlichen in der Empfindung bei, dessen ich mich auch, so wie meines ganzen Jugendgefühls und Lebens, nicht schäme.

---

* *Auf eine Wiedergabe der Jahreszahlen wurde verzichtet, da Miller ohnehin chronologisch vorgeht. Sie erscheinen hier kapitelweise vor den jeweiligen Produktionen eines Jahres. Ebenso verzichtet wurde auf die Zählung der Originalausgabe.*

Ich habe freilich gefeilt, und nicht ein einziges der schon gedruckten Gedichte blieb ohne, bald mehr, bald minder beträchtliche Veränderungen. Aber vieles blieb noch stehen, das ich anders wünschte. Teils konnt ichs nicht ändern, teils daurte mich die Zeit, die ich auf eine strengere Feile hätte wenden müssen.

Finden meine Leser einiges Vergnügen bei Lesung oder Absingung meiner Verse, so hab ich meinen Wunsch erreicht.

Die mir bekannt gewordenen Kompositionen der Lieder hab ich, einigen Lesern zu Gefallen, angemerkt.

Etwas über fünfzig Gedichte erscheinen hier zum ersten Mal im Druck. Diese sind im Register mit (*) bezeichnet.

Was hier nicht in die Sammlung aufgenommen ist, erkenn ich nicht mehr für meine Arbeit.

Sollt ich wieder dichten, so wärens hauptsächlich geistliche Lieder und Lieder für den Landmann.

1771

An Daphnen
Im Blumengarten

Daphne! Sieh den Garten grünen!
Jugendlich und hold, wie du,
Lächelt uns mit heitern Mienen
Der erwachte Frühling zu.

Bläulich wie der Mittagshimmel,
Rötlich wie der Morgenstrahl,
Stehn in fröhlichem Gewimmel
Florens Kinder überall.

Wie dein blaues Aug entschließen
Blaue Hyazinthen sich,
Lächeln freundlich und ergießen
Milden Wohlgeruch um sich.

Sie, wie dort die Tulp im Beete
Sich in Purpurfarbe schmückt,
Und beneidend nach der Röte
Deiner schönern Lippen blickt!

Iris' bunter Bogen malet
Sich auf dem Aurikelnland;
Und der goldne Krokos strahlet,
Wie dein seidnes Busenband.

Blass, wie vormals mein Wange,
Als ich liebeleer dich sah,
steht im öden Schattengange
Einsam die Narzisse da.

Doch, wie meine Wang jetzt glühet,
Von der Hoffnung Strahl bemalt,
So, geliebte Daphne, blühet
Feuriger die Rose bald.

Wann sich ihre Knospe spaltet,
Und die Blumenkönigin
Sich am Sonnenstrahl entfaltet,
Soll sie dir am Busen blühn!

Die Narzisse schling indessen
Sanft um meine Locken sich!
Denn mein Herz soll nie vergessen,
Dass ihr mein Gesicht einst glich!

Zwar genieß ich jetzo Freuden,
Süß, wie die im Paradies;
Aber, auch um dich zu leiden,
Daphne, das auch war mir süß.

Ein Trinklied

Bei Nektar und Ambrosia
Sitzt Vater Zeus gefoltert da;
Denn Mutter Juno zankt.
Wir aber sitzen hier und freun
Uns ungestört beim Firnewein.
Den Göttern seis gedankt!

Noch wird durch keine Frau vom Haus
Der Nektar und der laute Schmaus
Uns Glücklichen vergällt.
Vom Joch des Ehestandes frei,
Umflattert uns ein steter Mai,
Und golden ist die Welt.

Wer aber weiß, wie balds geschieht,
Dass uns ins Netz ein Mädchen zieht?
Dann sind die Freuden aus!

Drum widmet euch der Fröhlichkeit,
Solang es keine Frau verbeut,
Und haltet fleißig Schmaus!

Eine Idylle

Hier am Bache, der so heiter
Aus der Felsenritze fließt
Und durch blumenreiche Kräuter
Sich ins kleine Tal ergießt;

Hier, o Liebe, stand Seline,
Die geliebte Schäferin,
Mit der frommen, sanften Miene,
Ach, und mit dem harten Sinn.

Ihre weißen Lämmer tranken
Aus dem silberhellen Bach;
Und in traurigen Gedanken
Schaute sie den Wellen nach;

Ließ ein Seufzerchen erschallen,
Das mein ganzes Herz durchdrang,
Und vom Aug ein Zährchen fallen,
Das der kleine Bach verschlang.

O geliebte Liebe, wäre
Dieser Seufzer mir gemeint
Und die perlenhelle Zähre
Mir, o Liebe, mir geweint:

Dann sollt auf den weiten Auen
Mir kein Ort so heilig sein.
Einen Altar würd ich bauen,
Und dir, Göttin Liebe, weihn.

Damon an den Mond

Diana, komm! Dein Bruder scheidet
Von unsrer Flur;
Und in verschwiegne Dämmrung kleidet
Sich die Natur.

O komm! Dann eilt zum Traubenhügel,
In schnellem Lauf,
Mein Mädchen, auf der Liebe Flügel
Zu mir herauf.

Ha, Wonne! Hinter jenem Tale
Wallst, wolkenleer,
Du, goldbeglänzt vom letzten Strahle
Des Bruders, her;

Und hüllst dich nach und nach bescheiden
In Silber ein;
Erleuchtest ringsum Berg und Heiden,
Gebüsch und Hain.

O Göttin, eil mit schnellerm Schritte
Am Himmel fort,
Streu Silber auf Dorindens Hütte;
Sie wartet dort,

Und eilt, sobald sie dich erblicken
Im Grunde kann,
Mich an ihr keusches Herz zu drücken,
Den Berg heran.

Allein, warum, o Göttin, fliehest
Du schnell zurück?
Eilst hinter Wölkchen, und entziehest
Dich meinem Blick;

Wie meine Hirtin, wenn sie fliehet
Und ihren Blick
Das Sonnenhütchen mir entziehet?
O komm zurück,

Und leucht ihr! – Ah, sie kömmt! Entrücket
Sich dein Gesicht
Aus Missgunst? Für Göttinnen schicket
Sich Missgunst nicht.

An Damon

Warum ich weine, Freund? O sieh
Die Rose! Gestern blühte sie;
Nun hängt sie, von des Sturmes Hauch
Entstellt, und blätterlos am Strauch.

Und sollt ich nicht der Sterbenden
Ein stilles Tränchen schenken?
Sollt ich ein Röschen sterben sehn
Und nicht an Chloen denken?

O lass mich weinen! Wandelst du
Dereinst dem Rosenstrauche zu,
Und sinkt ein Röschen auf mein Grab,
Entstellt und blätterlos herab:

O sage, Damon, wirst du nicht
Ihm auch ein Zährchen schenken,
Und mit beträntem Angesicht
An deinen Daphnis denken?

Der Wunsch

Könnt ich, o blühende Natur,
All deinen Reiz besingen
Und jedem Hain und jeder Flur
Zum Dank ein Liedchen bringen;

Säng ich die Morgensonne, die
Sich noch dem Blick verstecket,
Wenn schon der junge Schäfer sie
Mit seiner Flöte wecket;

Die Freude, die mit einem Mal
Aus seinem Auge schimmert,
Sobald der erste goldne Strahl
Am Eichenwipfel flimmert;

Die Blumen, die mit Gelb und Blau
Und Rot die Flur bemalen
Und unterm hellen Morgentau
In höhern Farben strahlen;

Das Wäldchen, das, der Unschuld gleich,
In weißen Flor sich hüllet;
Und den beschilften Silberteich
Mit Blüten überfüllet;

Der Pappel grüne Nacht, aus der
Ein Turteltäubchen girret;
Den Apfelbaum, um den ein Heer
Von Maienkäfern schwirret;

Den Abend, der mit einem Mal
Den halben Himmel rötet;
Den Hirten, der im letzten Strahl
Dem Tag zu Grabe flötet;

Den Stern der Liebeskönigin,
Der aus dem Westen blinket
Und ins Gebüsch die Schäferin
Zum trauten Schäfer winket;

Dianen, die das stille Glück
Der Liebenden betrachtet
Und mit hinweggewandtem Blick
Nach gleichen Freuden schmachtet;

Und tausend Szenen – könnt ich sie,
Wie ich sie fühle, singen
Und allen Reiz der Harmonie
Ins leichte Liedchen bringen:

Dann würde doch ein Jüngling mich
Dafür ans Herze drücken
Und manches Mädchen dankbarlich
Mir süßen Beifall nicken.

Doch nicht die blühende Natur,
Mit allem Reiz umgeben;
Ach, Götter, Daphnen kann ich nur
Und ihren Reiz erheben.

Sie aber lächelt höhnisch, flieht,
Und spottet meiner Zähren;
Und will das herzensvolle Lied
Von ihrem Reiz nicht hören.

O Götter, lehrt sie doch, wie ich,
Von Lieb und Sehnsucht schmachten!
Wo nicht, so bitt ich, lehret mich
Ihr sprödes Herz verachten!

An ein Tal

Ich liebe dich, du kleines
Und stilles Erlental;
Und dennoch schuf mir keines
Wie du so viele Qual.

Dich liebet auch Seline,
Die junge Schäferin,
Die mit der sanften Miene
Und, ach!, dem harten Sinn.

Jüngst saß ich hier und spielte
vergnügt im Abendlicht,
Denn meine Seele fühlte
Der Liebe Macht noch nicht.

Als schnell, im leichten Röckchen,
Ein Mädchen vor mir stand,
Das weiße Maienglöckchen
Sich in ein Sträußchen band.

Wie zittert ich zurücke,
Als ich die Holde sah!
Und o mit welchem Blicke
Voll Unschuld stand sie da!

Gern hätt ich sprechen wollen;
Umsonst bemüht ich mich;
Kein Wort entwand dem vollen,
Beklommnen Herzen sich.

Dann ging sie weg; ich klagte,
Und wusste nicht warum;
Schlief wenig, und wenns tagte,
Wars trüb um mich herum.

Nun irr' ich stets alleine
Den ganzen Tag umher,
Und finde nirgend keine
Der alten Freuden mehr;

Lieg oft auf dieser Stelle,
Und wünsche mir mein Grab;
Dann blickt zu mir der helle
Vertraute Mond herab.

Jetzt sieht er meine Zähren;
O säh er auch einmal
Bei seinem Wiederkehren
Das Ende meiner Qual!

Säh er, wie mich Seline
Durch Liebe glücklich macht
Und mit bescheidner Miene
Mir süß entgegenlacht!

Wie liebt ich dann, o kleines
Und stilles Tälchen, dich!
Es gliche dir sonst keines
An Seligkeit für mich!

Hier baut ich eine Hütte
Zum Angedenken hin
Und scherzt in ihrer Mitte
Mit meiner Schäferin.

An ein verwelktes Röschen

Röschen, wie beneid ich dich!
Glücklich warest du vor allen;
Sylvien hast du gefallen,
Und sie brach und wählte dich.

Allen Jünglingen zur Lust
Blühtest du an ihrer Brust.
Und dann war dein Tod so süß!

Als du abends welktest, ließ
Sie auf dich ein Tränchen fallen.
O wie neid ich dich vor allen!
O wie war dein Tod so süß!

Elegie an Laura

Von dir, o Laura!, fern, betracht ich weinend
Den Mond, der dort vorüberzieht,
Und düster, durch zerrissne Wolken scheinend,
Auf meinen Schmerz herniedersieht.

So schien er einst, da ich von dir den letzten
Und feuervollsten Kuss empfing,
Und tausend Tränen unsre Wangen netzten,
Und Lipp an Lippe bebend hing.

Da sah er noch in jugendlichem Prangen
Auf meinem Antlitz Rosen blühn;
Nun sieht er Totenbläss auf meinen Wangen
Und Schwermut meine Stirn umziehn.

Siehst, Laura!, du auch jetzt mit bangem Sehnen
Nach deinem Freund, zu ihm hinauf
Und folgt dein Auge, voll von Liebestränen,
Ihm in dem einsamstillen Lauf:

So tröste dich und denke, welche Freude
Dereinst auf unsern Wangen glüht,
Wenn er uns, Arm in Arm geschlungen, beide
Von neuer Wonne trunken sieht!

Dann trennt, o Laura, kein Geschick uns wieder,
Bis brechend sich dies Auge schließt
Und er sein dämmernd Licht aufs Grabmal nieder
Durch dunkle Lindenäste gießt.

Elegie an Amynten

Sei ruhig, armes Herz! Bald wird die Stunde schlagen,
Die dich von allem Gram befreit
Und nach so vielen Trauertagen
Zu kommen deiner Nacht gebeut.

Siehst du, die Schöpfung traurt! Dem nahen Tod entgegen
Welkt schon die alternde Natur;
Ihr Pulsschlag klopft in schwächern Schlägen,
Und bald erlischt des Lebens Spur.

Schon sinkt der Blumen Schmuck; Und keine neuen blühen
An den verwaisten Stätten auf,
Und totenfarbne Nebel ziehen
Sich längs am trüben Strom herauf.

Der braune Wald, beraubt des farbichten Gewandes,
Birgt keine Liedersänger mehr;
Und jeder Weideplatz des Landes
Ist herdenlos und freudenleer.

Bald wird des Winters Flor die stille Flur umweben
Und alles sterben; – Und auch mich
Wirst du, o Todesnacht, umgeben,
Und sterben, sterben werd auch ich! –

O sei willkommen mir, du schönster Tag des Lebens,
Das ich, von dir, Amynt, bedaurt,
Der du mein Leid gekannt, vergebens
Um meine Laura durchgetraurt.

Du kanntest sie, Amynt! Von allen unsern Leiden
Warst du Vertrauter, littest mit;
Du sahst die Träne, die beim Scheiden
Von unsern heißen Wangen glitt.

O Lieber!, wenn noch Trost zu finden ist auf Erden,
So tröste sie, bis wir, vereint,
Uns wieder da umarmen werden,
Wo nicht getrennte Liebe weint!

An den Mond

Blass, wie verschmähte Liebe, scheint
Zu mir der Mond hernieder.
Ach, bist du kranker Herzen Freund,
So sieh auch, wie mein Auge weint,
Und horch auf meine Lieder!

Oft sahest du Elisen schon
In deinem Schimmer wallen;
Sahst sie, der dumpfen Stadt entflohn,
Und hörtest ihres Liedes Ton
Zu dir hinauf erschallen.

Ach, keine Klage mischte sich
In ihre hellen Töne!
Mit heiterm Auge sieht sie dich,
Nie kostet ein Gedank an mich
Sie eine stille Träne.

Mitleidig siehst du meine Pein,
Wallst trauriger vorüber;
Hüllst deinen hellen Silberschein
In blasse Tränenwolken ein;
Und alle Welt wird trüber.

O, wenn sie wüsste, dass um mich
Dein klares Auge trauret:
Ihr gutes Herz erweichte sich,
Und – welche Linderung für mich! –
Ich wär von ihr bedauret!

An die Liebe

Göttin Liebe, welchen Jüngling du
Dir zum Freund erkoren,
Dem wird jeder Augenblick zur Ruh
Und zur Lust geboren.
Heiter sieht sein blühendes Gesicht
Jeden Tag entstehen;
Froh sieht er die Sonn im Purpurlicht
Wieder untergehen.

Alle Vögel singen ihm im Hain
Süße Melodien;
Jede Blume wünscht, ihm schön zu sein,
Und für ihn zu blühen.
Jede Rose fühlet süßre Luft,
Die sein Finger pflücket,
Weil mit ihr er die geliebte Brust
Seines Mädchens schmücket.

Süße Freude trinkt er mit dem Blut
Der Burgunderreben;
Von beglückten Träumen, wenn er ruht,
Ist sein Haupt umgeben.
Sein Erwachen ist ein Übergang
Zu beglücktern Szenen;
Heiter eilt er, unter Lustgesang,
in den Kreis der Schönen. –

Aber, welche Stunden voller Schmerz
Drohn des Jünglings Leben,
Der umsonst sein jugendliches Herz,
Göttin, dir ergeben!
Ihm verlängert jeder Augenblick
Sich zu bangen Stunden.
Mit den Kinderjahren ist das Glück
Ewig ihm verschwunden.

Tränen fließen ihm im bangen Traum
Von den blassen Wangen;
Seufzend sieht die Morgensonn er kaum
Am Olympus prangen.
Hoffnungslos sieht er den Winter fliehn
Und den Schnee verschwinden;
Traurig schleicht er durch den Frühling hin,
Kann ihn nicht empfinden.

Kalten Blicks sieht er die junge Flur
Sich allmählich färben;
Halberstorbne Blumen pflückt er nur,
Wünscht, wie sie, zu sterben.
Jedes Mädchen lockt ihm Tränen ab,
Das dem seinen gleichet;
Jeden Hügel wünscht er sich zum Grab,
Wo er einsam schleichet.

Die geliebte kleine Nachtigall
Singt ihm Grabelieder;
Endlich sinkt er, wie im Sonnenstrahl
Welke Blumen, nieder.
Seine Seele, die der Liebe Joch
Jahrelang getragen,
Irrt um das geliebte Mädchen noch,
und zerfleußt in Klagen.

Göttin Liebe! Will es mein Geschick,
Dass auch ich dir diene,
O, so lächle mir mit holdem Blick!
Geuß in Daphnens Miene
Deine milde Flamme, dass sie mir
Sanft entgegenstrahle,
Und ich dankbarliche Lieder dir
Jeden Tag bezahle!

1772

Klagelied eines Bauren

Das ganze Dorf versammelt sich
Und eilt zum Kirmesreihen;
Es freut sich alles, aber mich
Kann fürder nichts erfreuen.

Denn, ach!, mein Hannchen fehlet mir;
Nie kann ich sie vergessen;
Ich weiß zu gut, was ich in ihr
Für einen Schatz besessen.

Unschuldig war sie, wie ein Lamm,
Tat keinem was zu Leide
Und lebte still und tugendsam
Zu aller Menschen Freude.

Sie hatte Wangen, voll und rund
Und glätter noch als Pfirschen,
Ein blaues Aug und einen Mund,
Der röter war als Kirschen.

Man konnte, sah sie einen an,
Die Blicke kaum ertragen,
Und wenn sie lachte, musste man
Die Augen niederschlagen.

Wie bin ich neulich noch mit ihr
Am Maienfest gesprungen!
Bis an den Abend tanzten wir
Und schäkerten und sungen;

Da nahm sie meinen Hut und wand,
Als ich den Kehraus machte,
Um ihn ein pappelgrünes Band
Und gab ihn mir und lachte.

O Gott! wer hätte da gedacht,
Als ich den Engel küsste,
Dass sich so bald die grüne Tracht
In schwarze wandeln müsste? –

Nun darfst du, liebes Band, um mich
Nicht mehr im Winde rauschen;
Herunternehmen muss ich dich
Und gegen Flor vertauschen!

Den Gottesacker will ich mir
Zum liebsten Platz erwählen
Und jeden Abend mich zu dir,
Du liebes Hannchen!, stehlen;

Will da dein Grab mit Majoran
und Maßlieb übersäen;
Ein schwarzes Kreuz und Reime dran
Soll in der Mitte stehen;

Ein Totenkranz soll an der Wand
In unsrer Kirche prangen
Und unten dran das grüne Band
zum Angedenken hangen;

In jeder Predigt sitz ich dann
Dem Kranze gegenüber,
Seh ihn mit nassen Augen an
Und härme mich darüber:

Bis endlich, wenn es Gott gefällt,
Mein Stündlein auch erscheinet
Und in der schönen Himmelswelt
Auf ewig uns vereinet.

Friederich Hahn
an J. M. Miller

Hahn, der Edle, lebt nicht mehr. Hätt
ihn Deutschland gekannt, wie seine
Freunde ihn kannten, wie viele Tränen
wären auf sein Grab geflossen! Seine
Werke stünden schon in der Reihe
unsrer guten Dichter, wenn ihn nicht
ein zu hohes Ideal, das ihm immer
vor Augen schwebte, und Misstrauen
gegen sich selbst – eine Folge seiner
tiefen Hypochondrie – an Ausfüh-
rung der erhabensten, dichterischs-
ten Ideen verhindert hätten. In dem
Göttinger Musenalmanach vom Jahre
1773, woraus das folgende Gedicht
genommen ist, steht S. 202 noch ein
andres von ihm, *die Sehnsucht.* Sein
gegenwärtiges Gedicht an mich hab
ich nicht um meiner Antwort willen,
deren Mängel und geringen Wert ich
am besten fühle, hier abdrucken las-
sen, sondern in der Absicht, seinen
Namen und sein Andenken auch mei-
nen Lesern wert zu machen.

Noch log im Biederstamme Teuts
Kein Höfling mit gesalbtem Haar
    Dem Feinde Freundschaft vor.

Noch schloss ein Wort voll Ernst und laut,
Ein Handschlag drauf, der Herzen Bund;
   Und ewig war der Bund!

———————

Da kam er übern Rhein, der Knecht
Des Bourbon, stets der Liebe Schwur
   Im Mund, im Herzen Fluch.

———————

Ha! Westgelispel war ihm Treu
Und Eid und Glauben, und den Dolch
   Verkündete sein Kuss.

———————

Geschreckt verschließt Tuiskons Sohn
Nun tief in sich sein Herz und lauscht
   und wägt erst jedes Wort;

———————

Und vieler Jahre Reih (und doch
Wie selten!, doch vom Misstraun wie
   Entheiligt!) knüpft das Band;

———————

Ein dünnes, weitgeknüpftes Band!
Fern droht ein Sturm, noch ist er Hauch,
   Und siehe!, schon zerfliegts.

———————

Und wir! – Nicht Jahre kenn ich dich,
Doch kenn ich dich; seh deinen Blick;
   Und hört ich nicht dein Lied?

———————

Dein Herz ist deutsch und deutsch mein Herz,
Es liebt dich! Miss es ganz! Verflucht,
   Was Franzensitte lehrt!

———————

Und jedem Folger Fluch! Hier ist
Mein Wort! Hier meine Hand! Schlag ein!
   Und ewig sei der Bund!

Antwort an Friederich Hahn

Es war kein Schwur; es war ein Blick
Und drauf ein Druck der Hand,
Der, Freund!, im ersten Augenblick,
Mein Herz an deines band.

Der Deutsche kennt den Deutschen bald
Am offenen Gesicht,
Am Auge, das in Liebe wallt,
Am Ton, in dem er spricht.

So kannt ich dich! Es sprach dein Ton
In wenig Worten viel;
Der Franzensitte sprach der Hohn,
Und in mein Herz Gefühl.

Da war der Bund gemacht! Da schlug
Mein Herz dem deinen zu!
Kühn sagt ich es; denn ohne Trug
Und deutsch bin ich wie du.

Nun wandl' ich ruhig meinen Gang
Mit dir durchs Leben hin
Und horch auf deiner Harfe Klang,
Wenn Wolken mich umziehn.

Lob der Alten

Es leben die Alten,
Die Weiber und Wein
Viel höher gehalten
Als Edelgestein!
Sie übten die Pflichten
Des Biedermanns aus
Und scherzten in Züchten
Beim nächtlichen Schmaus.

Da lud man die Jugend
Zum Mahle mit ein,
Und predigte Tugend
Durch Taten allein;
Man rühmte die Großen,
Die, tapfer und gut,
Kein andres vergossen
Als feindliches Blut.

Den Weibern zu Ehren
Musst jeder ein Glas
Bis untenan leeren;
Doch hielten sie Maß
Und lachten sich nüchtern

Und sangen in Ruh
Von fröhlichen Dichtern
Ein Liedchen dazu.

Um Mitternacht schieden
Sie küssend vom Schmaus
Und kehrten im Frieden
Zum Weibchen nach Haus.
Es leben die Alten!
Wir folgen dem Brauch,
Auf den sie gehalten,
Und leben so auch.

An meinen seligen Bruder

Dieser gute, hoffnungsvolle, mir ewig unvergessliche Knabe ist zu Ulm den 3ten Junius 1764 in seinem siebenten Jahre gestorben. Der Schmerz über seinen Tod gab mir mein *erstes* Lied ein, das auf seinem Grabe abgelesen wurde.

Der du mein Bruder warst, als du hienieden
Noch unter Staubbewohnern gingst
Und dann der Tugend Lohn, des Himmels Frieden,
Nach frühdurchwallter Bahn empfingst;

Vernimm mein banges Lied! – Im Staubgewande
Irr' einsamweinend ich umher,
Und sehe, fern vom mütterlichen Lande,
Den Hügel, der dich deckt, nicht mehr.

Doch oft schwingt auf der Mitternacht Gefieder
Sich meine Seel empor und sieht
Ins stille Tal auf deinen Hügel nieder,
Den eine Rosenheck umzieht.

Die schauervolle Stunde kehrt zurücke,
Da du mir, matt und sterbend, riefst
Und einmal noch mit halberloschnem Blicke
Mir lächeltest und dann entschliefst.

Da sah ich auf den blassen Mund hernieder
Und harrte seiner Reden; ach,
Nie öffnete der holde Mund sich wieder,
Der sonst so süße Worte sprach! –

Du selber pflanztest dir die Maienglocken,
Von denen ich mit träger Hand
dir einen Kranz um deine Silberlocken
Und um die bleichen Schläfen wand.

Und in den frommgefaltnen Händen blühte
Ein Röschen, ach, ein Bild von dir!
Es überlebte dich; doch bald verblühte
Auch seine jugendliche Zier.

Und so werd ich verblühn! Ach, mit der Jugend
Eilt schon die Heiterkeit davon!
Doch sei es! Winket nicht dem Freund der Tugend
Bei dir dort drüben bessrer Lohn?

Ja, Bruder! Und drum schwör ich, sie zu lieben,
Ihr jeden Augenblick zu weihn,
Der Pflichten kleinste treulich auszuüben,
Mit dir des Lohnes wert zu sein!

Umschweb indes mich unsichtbar und leite
Durchs trübe Leben meinen Lauf!
Und wann ich, allzusicher wandelnd, gleite,
O dann hilf dem Gefallnen auf!

An die Nachtigall

O Nachtigall! Es ruhte kaum,
Süß eingelullt im Morgentraum,
Mein jahrelanger Kummer;
Da scheuchtest du den Schmeicheltraum
Und den beglückten Schlummer.

Schon war ich tot, empfand nicht mehr
Des Mädchens Stolz, das liebeleer
Auf meine Leiden blickte,
Und doch mit jedem Tage mehr
Die trunkne Seel entzückte.

Sie kam an meinen Hügel hin,
Sah, wie ein Strauch voll Rosen ihn
Mit Blüten überdüftet,
Und lehnte sich ans Denkmal hin,
Das Damon mir gestiftet;

Brach eine von den Rosen ab
Und streute sie betränt aufs Grab,
Da glänzten ihre Blicke;
Noch einmal schaute sie herab
Und bebte blass zurücke. –

Was rufst du mich, o Nachtigall,
Zurück ins Leben voller Qual
Durch deine Zauberlieder?
Nun fühl ich, harte Nachtigall,
Den Stolz des Mädchens wieder!

Beim Trunk

Unsre Herzen zu erfreun,
Gab uns Gott den edeln Wein;
Darum dankt ihm, Brüder!
Harm und grämliches Gesicht
Danken unserm Geber nicht,
Aber Freudenlieder.

Wer als braver Biedermann
Seines Tages Pflicht getan,
Mag im Frieden trinken!
Freuden, wie die Tugend rein,
Sieht er aus dem edeln Wein
Ihm entgegenblinken.

Aber den, der Arme hasst
Und von ihrem Schweiße prasst,
Müsse Schande decken!
Taumel müss' ihm jeder Wein,
Jeder Tropfen Gift ihm sein,
Und wie Wermut schmecken!

Damötens Klagen

O, wie lacht der Lenz auf allen Hügeln!
Welch ein süßer Maienblumenduft
Hebt sich auf der Weste leisen Flügeln
und durchwürzet ringsumher die Luft!

Alle Blumen, die des Maien harrten,
Heben sich aus jungem Gras empor;
Wie ein zauberischer Blumengarten
Steht die Flur in tausendfachem Flor.

Sammelten die Vögelchen sich alle,
Diesen Tag zu feiern? Sangen sie
Je in solchem wonniglichen Schalle
Ihre süße Zaubermelodie?

Freude jauchzt aus blühenden Gesträuchen,
Wo das Laub in Netze sich verflicht;
Jeder Gram muss aus der Seele weichen;
Nur aus meiner Seele weicht er nicht.

Götter, ach!, wenn keine Phillis wäre,
O, so mischte sich mein Jubel auch
In der Schöpfung laute Freudenchöre
Und durchwirbelte den Blumenhauch!

Aber, ach! Ihr schuft zu meinem Leiden
Phillis, die mit Schwur und Treue spielt
Und der reinen Liebe Götterfreuden
Nie in ihrer falschen Brust gefühlt.

Zwar lacht Lieb aus allen ihren Zügen;
Unschuld wohnt im blühenden Gesicht;
Aber nur, mich Armen zu betrügen;
Ach, in ihrem Herzen wohnt sie nicht. –

Als sie mich an ihren Busen drückte,
Liebe mir und stete Treu schwur;
Über Erd und Sterne mich entzückte,
Damals lachte, so wie jetzt, die Flur.

Liebesgötter scherzten um das Mädchen,
Maienblumen blühten überall;
Zephyr deckte sie mit Rosenblättchen;
Brautgesänge sang die Nachtigall.

Götter, welch ein Leben! Taumelnd flogen
Über uns die goldnen Stunden hin;
Tausend Küsse wurden eingesogen
Von dem Rosenmund der Zauberin.

Aber jene Nacht! – Schon harrt ich lange
Der Geliebten; und Diana hing
Traurig zwischen Wolken, sah mich bange,
Als ich nach des Mädchens Hütte ging.

Und sie lag dem Frevler in den Armen!
Und Diana sah vom Himmel her,
Fühlte sanftes Mitleid und Erbarmen
Und verschwand und leuchtete nicht mehr!

O vernichtet, Götter, diese Stunde
Und den Frevler und die Dirn und mich! –
Wann, o wann verblutet sich die Wunde?
Wann vergess ich, o du Falsche, dich? –

Ha! Da wandeln Wetterwolken! Götter,
sendet Tod aus ihnen mir herab!
O, wär euer Donner mein Erretter!
Und begrüb er mich ins öde Grab!

Daphnens Elegie auf ihre Täubchen

Ah, Verwüstung! – Überall umher
Liegen sie, in Todesschlaf versunken,
Meine Täubchen! Keines atmet mehr,
Und der Marder hat ihr Blut getrunken.
Das geliebte Ringeltäubchen hier
Hatt ich mit so vieler Müh erzogen;
Wenn mein Aug ihm winkte, kam es mir
Freundlich auf die Schulter hergeflogen.

Ach, entfiedert und entstellt vom Tod,
Liegt mein liebes, silberweißes Täubchen;
Zarte Füßchen hatt es, klein und rot,
Auf dem Kopf ein mondgeformtes Häubchen.
Ihm zur Seite liegt das Männchen da
Mit dem glatten, aschenfarbnen Köpfchen;
Alle Regenbogenfarben sah
Man im Sonnenstrahl an seinem Kröpfchen.

Ach, und Damons Täubchen! – Gestern kam
Es so freundlich noch zu mir geflogen,
Als mir Eifersucht mit düsterm Gram
Stirn und Aug und Wangen überzogen! –
Grausam scheucht ich es hinweg, weil ich
Zornig war auf den, der es mir schenkte.
O vergib mir, Täubchen, dass ich dich
So wie meinen guten Damon kränkte!

Um Verzeihung flehen will ich ihn,
Alle meine Fehler ihm bekennen,
Seine Hand an meine Lippen ziehn,
Meinen lieben, süßen Freund ihn nennen.

Wenn er dann noch grausam bleibt, will ich
Ihm das liebe, tote Täubchen zeigen;
Weinen wird er, küssen wird er mich
Und vor Bangigkeit und Wehmut schweigen.

Dort im Hain begraben wir dich dann;
Mitleidstränen sollen dich benetzen;
Maßlieb, Tausendschön und Thymian
Wollen wir auf deinen Hügel setzen;
Manchen schwülen Sommertag, wenn wir
In der Dämmerung einander küssen,
Sollen, liebes, holdes Täubchen, dir
Helle Tränen uns vom Auge fließen.

Der verliebte Schäfer an sein Liebchen
Nach einer altenglischen Ballade

Komm, sei mein Liebchen! Schenke mir
Dein Herzchen! Dann genießen wir
Die Freuden alle ungestört,
Die Berg und Tal und Hain gewährt.

Dann sitzen wir am Wasserfall
Und hören süßen Vögelschall
Und sehn vom Hügel her in Ruh
Den Hirten und den Herden zu.

Auf weichem Moose liegen wir,
Und Blumenkränze wind ich dir
Und flechte für der Sonne Stich
Von Geißblatt eine Laub um dich.

Die feinste Wolle, glatt und schön,
Raub ich den weißen Lämmerchen
Und webe dir ein weiches Kleid
Zur Wärmung auf die Winterzeit.

Mit Bändern schmück ich deinen Stab,
Und lös am Felsen Muscheln ab
Und zier in unserm kleinen Haus
Die Wände mit Korallen aus.

An beiden Seiten vor der Tür
Wink eine Rebenranke dir
Und noch viel andres! Rührt es dich,
So komm, mein Liebchen, wähle mich!

Dann kommen alle Morgen früh
Die Schäfer; singend wecken sie
Aus angenehmen Träumen dich.
O komm, mein Liebchen, wähle mich!

Frizchens Lob des Landlebens

Rühmt immer eure große Stadt
Und lasst ihr Lob erschallen!
Mein liebes, kleines Dörfchen hat
Mir dennoch mehr gefallen.

Hier muss ich ganze Wochen lang
Im dumpfen Zimmer sitzen;
Dort konnt ich frei und ohne Zwang
Die schönen Tage nützen.

Am frühen Morgen konnt ich gleich
In unsern Garten hüpfen
Und ins benachbarte Gesträuch
Nach Vogelnestern schlüpfen.

Wenn ich am Strauch ein Röschen sah,
Wie pflegt ich dann zu springen,
Um es noch tauicht der Mama
Zum Morgengruß zu bringen!

Sie nahms so freundlich, küsste mich
Für meine kleine Mühe,
Sah dann mich an und freute sich,
Dass ich nicht minder blühe.

Da ging ich immer Hand in Hand
Mit unsers Pachters Kätchen;
So gibts gewiss in Stadt und Land
So gut und brav kein Mädchen.

Hold wie der liebe Mond war sie,
Geschäftig wie ein Bienchen
Und füttert' alle Morgen früh
Im Hühnerhof die Hühnchen.

Ein Lämmchen, weißer als der Schnee,
Folgt' ihr am roten Bändchen,
Wohin sie ging, und aß den Klee
Ihr aus den weißen Händchen.

Die Blumen wuchsen schöner, die
Mir unser Gärtner schenkte,
Wenn Pachters holdes Kätchen sie
Mit klarem Wasser tränkte.

Ans kleine Schmerlenbächlein ging
Sie oft mit mir zum Fischen
Und ließ, wenn ich ein Fischlein fing,
Mitleidig es entwischen.

Da zürnt ich manches Mal mit ihr,
Doch war es bald vorüber;
Und nach dem Schmollen hatten wir
Einander desto lieber.

O dürft ich, liebes Dörfchen, dich
Nur einmal wiedersehen!
Gewiss, ihr Städter solltet mich
So bald nicht wiedersehen.

An ein Rosenknöspchen

Rosenknöspchen, schön bist du,
Hauchest milde, süße Düfte
Durch die kühlen Abendlüfte
Mir auf Zephyrs Fittich zu.

Gerne würd ich, um mit dir
Meinen Sommerhut zu schmücken,
Dich vom vollen Strauche pflücken;
Denn gefällig winkst du mir.

Doch, ich lieb. Und den, der liebt,
Können Rosen ihn entzücken?
Alles traurt in seinen Blicken;
Alles ist mit ihm betrübt.

Aber wenn dich Daphne pflückt,
Sag, o Röschen, dann der Schönen,
Dass ich dich mit stillen Tränen,
Und mit Seufzern angeblickt!

Lied eines Bücherfabrikanten

Ein jedes Ding hat seine Zeit,
So auch das Liedersingen;
Drum will ich euch, ihr Musen, heut
Mein letztes Opfer bringen.
Das Glück, mit dem ihr uns beschenkt,
Ist flatterhaft und eitel;
Ich leb in Niedrigkeit versenkt
Und ohne Geld im Beutel.

Was half es jede Messe mir,
Zwölf Bogen auszufüllen?
Ich schrieb in Theokrits Manier
Die zierlichsten Idyllen;
Sang in Horazens hohem Ton
Bald Oden, bald Satiren
Und wusste wie Anakreon
Das Barbiton zu rühren;

Hatt eine Epopöe gemacht
Trotz Klopstock und Homeren;
Ließ mich nicht minder Tag und Nacht
Bei Gellerts Grabe hören.
Umsonst! Es ließ mich jedermann
Auf meinem Stübchen fasten,
Und Rezensenten fingen an
Mich gröblich anzutasten.

Wohl, undankbares Vaterland,
Das ich zu zärtlich liebte!
Sieh! Hier vergehen sie im Brand,
Die teuren Manuskripte.
Du wolltest sie aus Blindheit nicht,
Wie sies verdienten, lesen;
Sieh nun mit weinendem Gesicht
Den kostbarn Schatz verwesen!

Der edeln Übersetzungskunst
Will ich mich künftig weihen;
Mehr kann sie als der Musen Gunst,
Kann Nahrung uns verleihen.
O möcht ich eure Sprache doch,
Ihr Briten, schon verstehen!
Man sollte diese Messe noch
Von mir ein Pröbchen sehen.

Der Trinker an seine Brüder

O Brüder, schenkt mir ein, mir ein!
Dass ich von neuem euren Wein
In vollen Zügen trinke!
Und unter frohem Becherklang,
Ermattet von dem Rundgesang,
An euren Busen sinke!

Denn jetzo flattert um mich her
Der schwarze Genius nicht mehr,
Melancholie betitelt.
Die Zeiten, wisst ihr, ändern sich,
Wir Menschen mit; drum seht ihr mich
Der Liebesqual entschüttelt.

Ich war in Doris' Reiz entbrannt
Und putzte mich und tat galant,
Doch sie war hart wie Eisen.
Ein Dutzend Körbe gab sie mir,
Und dennoch sang und klagt ich ihr
In hundertfachen Weisen.

Elise, die noch schöner ist
Und feuriger als Venus küsst,
Hat nun mein Herz gewonnen.
In ihren weichen Armen fliehn
Die Sorgen allesamt dahin
Wie Nebel an der Sonnen.

O darum schenkt mir ein, mir ein!
Dass ich von neuem euren Wein
In vollen Zügen trinke!
Und unter frohem Becherklang,
Ermattet von dem Rundgesang,
An euren Busen sinke!

An Elisen, um Mitternacht

Die Schöpfung schlummert um mich her,
Es wacht kein sterblich Auge mehr
Als meines nur, Elise!
Dein holdes Bildnis schwebt um mich,
Und Nacht und Dunkel wandelt sich

Vor mir zum Paradiese.
Froh denk ich dem vergangnen Tag
Und all den tausend Freuden nach,

Die du an ihm mir machtest;
Dem Handdruck, den du mir erlaubt,
Den Küssen, die ich dir geraubt,
Und wie du süß mir lachtest.

Sonst wacht ich auch in tiefer Pein
Bis in die Mitternacht hinein,
Weil Doris mich verschmähte,
Die, schön wie du, doch spröd und hart,
Erweicht durch keine Seufzer ward
Und Pfauen gleich sich blähte.

O wohl mir, dass ich dich erblickt!
Sie war, mit allem Reiz geschmückt,
Ein Püppchen ohne Leben.
Doch das, was dich zum Engel macht,
Ein Auge, das voll Liebe lacht,
Das war ihr nicht gegeben.

Beim Ernteschmaus
Ein Baurenlied

Ei, Kameraden, sitzt man auch
Beim Ernteschmaus so stumm?
Frisch auf, und singt nach altem Brauch
Ein hübsches Lied herum!
Gesang allein
Macht süß den Wein
Und fröhlicher den Schmaus;
So stimmt denn alle mit mir ein
Und trinkt fein wacker aus!

Der Herzgeliebten trink ich dies,
Sie lebe für und für!
Der Wein schmeckt noch einmal so süß,
Sing ich dabei von ihr.
Sie ist so gut
Und wohlgemut
Und freundlich wie ein Lamm;
Und wenn sie mir am Herzen ruht,
Nennt sie mich Bräutigam.

Wohlan, es lebe meine Braut!
Trinkts ihr zu Ehren leer! –
Doch, schaut!, bei meiner Seele, schaut,
Da kömmt sie selber her,
Willkommen hier!
Ich trink es dir,
Herzallerliebste, zu!
Kein Mensch auf Erden käme mir
Willkommener als du!

Auf, Musikanten, auf!, herbei!
Ihr wisst mein Leibstück schon:
»Heidideldum, Heidideldei,
Ich denk an Nachbars Sohn;
Und denk ich ihn,
Dann wird mein Sinn
Mit einem Mal so froh!
Ach, bis zum Sterben lieb ich ihn!«
Sag, Liebchen, heißts nicht so?

An den West

Bald wirst du, junger West, nicht mehr,
Die Wangen mir zu kühlen,
Am stillen Abend um mich her
Mit leisem Fittich spielen.
Ich liebte Daphnen; mein Geschick
War, einsam mich zu quälen
Und, was mein Herz empfand, dem Blick
Des Mädchens zu verhehlen.

Nicht Gold und Silber schmückten mich,
Doch Redlichkeit im Busen,
Ein Herz, das nie von Tugend wich,
Und eure Gunst, ihr Musen!
Zu wenig, ach!, für diese Welt,
Um Liebe zu erlangen!
Denn euren Blick, ihr Mädchen, hält
Nur Außenglanz gefangen!

Zwar dich, o Daphne, nicht! Doch gibt
Ein Vater dir Gesetze,
Der deine Ruhe minder liebt
Als Unverdienst und Schätze.
Oft sah mein Auge seitwärts hin
Nach dem geliebten deinen,
Da sah ich Zärtlichkeit darin
Und dich verstohlen weinen.

O Daphne, lass nur einmal noch
Mich den Gedanken denken:
Du würdest, frei von Zwangesjoch,
Mir deine Seele schenken!
Bald wird mir der Gedank allein
Den Todestrank versüßen

Und einen Tropfen Trost darein,
Wann ich ihn trinke, gießen.

Dann soll mich hier, wo schon, der Wut
Des Missgeschicks entrissen,
Ein Liebling meiner Seele ruht,
Ein Grab mit ihm verschließen.
Lass deinen leisen Fittich dann,
O Zephyr, sanfter wehen
Und Tausendschön und Thymian
Auf meinem Grab entstehen!

Ich sang, ihr Blümchen, eure Zier
Hienieden mit Entzücken,
Und gern und dankbar werdet ihr
Des Dichters Hügel schmücken!
Oft wird mein Damon stumm und bleich
Sich auf den Hügel setzen
Und mit der Wehmut Tränen euch
Im Mondenschein benetzen.

Vielleicht kömmt dann auch Daphne her,
Die mich im Stillen liebte,
Und klagt der öden Flur umher,
Wie sie mein Tod betrübte.
Sie drückt vielleicht, mit bangem Schmerz
Und wehmutsvollen Tönen,
Euch an ihr unbescholtnes Herz,
Und netzet euch mit Tränen.

Gelinder flattre dann, o West,
Die Wang ihr zu erfrischen
Und Tränen, die der Gram erpresst,
Ihr vom Gesicht zu wischen!

Ich aber singe dann aus dir,
Geliebte Philomele,
Und gieße milde Tröstung ihr
In die betrübte Seele.

An ein paar Ringeltäubchen

Flattert näher, liebe Ringeltäubchen!
Komm mit deinem sanften, holden Weibchen,
Frommer Tauber, tiefer in den Hain!
Hier in diesen grünen Finsternissen
Könnt ihr ungestört einander küssen,
Und euch ganz der süßen Liebe weihn.

Friedlich soll die Pappel euch bewirten;
Fürchtet nicht den frommen Lämmerhirten,
Den wie euch ein sanfter Trieb erfüllt!
Könnt ich Lieb und Zärtlichkeit verletzen?
Ich gehorche Cypriens Gesetzen;
Und wer ihr gehorcht, ist sanft und mild.

Sammelt zarte Myrtenreiser, bauet
Auf der Pappel euer Nest, vertrauet
Eure weißen Eierchen ihm an!
An der Unschuld sichern Ruheplätzen
Soll kein wilder Habicht euch verletzen;
Euren Jungen sich kein Sperber nahn.

Still ist dieses Wäldchen; Ruhe wohnet
Ringsumher; die sanfte Unschuld thronet
Hier am liebsten. Eine Schäferin,

Die an Liebreiz eurer Göttin gleichet,
Daphne mit den blauen Augen, schleichet
Oft in dieser Pappel Schatten hin.

Und der Friede wallt auf allen Wegen
Der geliebten Schäferin entgegen;
Unschuld folget ihren Schritten nach;
Zephyr weht durchs junge Laub gelinder;
Laute Wasserfälle brausen minder,
Und das Lied der Nachtigall wird wach.

Wenn ihr euch auf schlanken Ästen wieget
Und sie hier auf jungen Blumen lieget,
Dann beginnt der Küsse süßes Spiel!
Weckt in ihrem jugendlichen Herzen
Unbekannte Seufzer, süße Schmerzen
Und der Sehnsucht zärtliches Gefühl!

Seufzer werden ihren Busen heben,
Tränen über ihre Wangen beben,
Liebe wird im blauen Auge glühn;
Dann will ich mich sittsam zu ihr stehlen;
Zum Geliebten wird sie mich erwählen,
Und mit mir in eine Hütte ziehn.

Kommt dann, Täubchen, wenn der Herbst entfliehet
Und der Winter unsre Flur beziehet,
Vor die Hütte! Bis er wieder flieht,
Will ich euch die besten Körner streuen;
O wie wird sich meine Daphne freuen,
Wenn sie ihre Täubchen wiedersieht!

Hat euch meine Bitte schon gerühret?
Seht!, von Lieb und Mitleid hergeführet,

Fliegt ihr schon der kühlen Pappel zu.
O, wie pocht mein Herz in stärkern Schlägen!
Tausend Freuden lachen mir entgegen,
Hoffnung, Hoffnung!, o wie süß bist du!

Die Geliebte

Voll edler Einfalt lächl', o Natur!, wie du
Mir einst das Mädchen, das sich mein Herz erkiest!
   Sanft sei ihr himmelblaues Auge!
    Sittsamkeit wohne darin und Unschuld!

Nicht Flittergold und Puppentand liebe sie,
Den mit dem Keim des Lasters Lutetien
   Zuerst dem teutschen Mädchen sandte,
    Eh es der Unschuld Gewand verschmähte!

Zu groß, dem schnöden Schmeichler ihr Ohr zu leihn,
Gefall ihr mehr des Jünglings beredter Blick,
   Der ihr in herzensvoller Sprache
    Liebe gesteht und um Liebe schmachtet!

Um schalen Scherz und glühenden Wechseltanz
Verlasse niemals sie den belebten Hain,
   Wo Nachtigallen im Gebüsche
    Gott und den düftenden Frühling preisen!

Im Stillen übe, wenigen nur bekannt,
Sie sich in jeder weiblichen Tugend! Dann
   Erschall ein keusches Lied am Abend
    Lieblich ins Silbergetön der Laute!

Ist dies, o Daphne, nicht dein geliebtes Bild?
Ja!, dieses sagt mein klopfender Busen mir.
    Du aber siehst mich an und sinkest
        Hin an die Brust des geliebtern Jünglings!

An die Sonne

O liebe Sonne, sei gegrüßt!
Wir haben lange dich vermisst.
Am Himmel hingen Wolken nur,
Und traurig war die ganze Flur.

Die Vögel trillerten nicht mehr
Ihr Morgenliedchen um mich her;
Und alle Blümchen in dem Tal
Vermissten deinen Lebensstrahl.

Und meiner Doris' Auge war
Nur halb so seelenvoll und klar;
Und wenn sie lachte, lachte sie
Mir nur mit vieler, saurer Müh.

Nun aber, Sonne, lachest du;
Und jeder Vogel singt dir zu;
Und jedes Blümchen hebt sich auf
Und sieht vergnügt zu dir hinauf.

Und ungezwungen süß und frei
Lacht meine Doris mir aufs Neu.
O liebe Sonne, lachtest du
Uns immer doch so freundlich zu!

Einladung in die Laube
An Damon

Zu kurz ist dieses Leben, um zu klagen,
Und viel der Freuden sind noch ungefühlt;
Drum lass, o Freund, uns jeden Gram verjagen,
Der in der Seele wühlt!

Zur Freude sandt uns die Natur den Lenzen;
Und tausend bunte Maienblumen stehn
Einladend auf der Wiese, sie zu Kränzen
Für unser Haar zu drehn.

Komm in die kühle Nacht der Gartenlaube,
Wo lieblicher Jasmin bei Rosen blüht
Und feuriger der Saft der rheinschen Traube
Im Deckelglase glüht!

Manch Rosenblättchen schwimmt herabgerissen
Im edeln Wein und ruft uns warnend zu:
»Eil, Jüngling, deine Tage zu genießen!
Denn sterblich bist auch du.«

Um Chloen girrst du wie die Turteltaube
Und sendest tausend Sehnsuchtsseufzer ihr;
Sie aber trinkt indes in meiner Laube
Mit Daphnen und mit mir.

O komm, Verzagter, in beredten Klagen
Ihr deines Herzens tiefverborgne Pein
Mit offner Brust und freier vorzutragen!
Denn kühner macht der Wein;

Und milder auch! Der Liebe sanftes Feuer
Strahlt schon aus ihrem blauen Aug; es lacht
So freundlich, wie Diana ohne Schleier,
Durch diese Maiennacht.

Komm, was sie lange barg, enthüllt zu sehen,
Ein Herz, das deinem Herzen zugehört!
Denn seine tiefsten Winkel auszuspähen
Hat Bacchus mich gelehrt. –

O, wer beherrscht die Herzen allgemeiner
Als Vater Bacchus! Solche Blicke tut
Bis tief ins Herz hinab der Weisen keiner
Wie ich beim Traubenblut.

Da winden sich Gedanken an Gedanken
Gewaltsam aus dem engen Kerker los.
Geheimnisse durchbrechen ihre Schranken,
Und fliehn in Freundes Schoß.

Der Mai

Vögel schlagen
Im Gesträuch;
Fische jagen
Sich im Teich.

Schafe blöken
Durch den Klee;
Mutig löcken
Hirsch und Reh.

Flöten klingen
Durch den Hain;
Hirten schlingen
Sich im Reihn.

Was da lebet,
Liebt und lacht
Und erhebet
Amors Macht.

Aber trübe
Schleicht der Mai
Sonder Liebe
Mir vorbei.

Bang und öde
Traurt die Flur;
Denn die Spröde
Denk ich nur.

Nacht umziehet
Meinen Blick;
Fühllos fliehet
Sie zurück.

Und ich weine
Meine Qual,
Wie die kleine
Nachtigall.

Tief im Schatten,
Spät und früh,
Um den Gatten
Jammert sie.

Ach!, gefangen
Folget er
Nicht dem bangen
Rufe mehr!

An die Venus

Nach Horazens 30ter Ode im ersten Buch

O Venus, regina Cnidi Paphique etc. etc.

Madam, die Sie als Königin
In Paphos residieren,
O könnt ich Ihren gnäd'gen Sinn
Durch meine Bitte rühren!
Verlassen Sie den goldnen Saal
Im paphischen Palaste
Und kommen Sie für dieses Mal
Bei Cynthien zu Gaste!

Aufs stattlichste wird da geschmaust,
Da tun die Köche Wunder;
Und aus kristallnen Flaschen braust
Champagner und Burgunder.
Sie könnten mir, erschienen Sie
Mit Ihren Charitinnen,
Durch Ihren Fürspruch ohne Müh
Des Fräuleins Herz gewinnen.

Beehren Sie mit sanftem Tritt
Die blumigen Gemächer
Und bringen Ihren Junker mit,
Versehn mit Bog und Köcher!
Auch Herrn Merkur! Der weiß den Pfiff;
Wenn Sies ihm nur befehlen,
Wird er durch einen Meistergriff
Des Fräuleins Herz mir stehlen.

Voß an J. M. Miller

Mein allerliebster Miller,
Wer hat dich Ton und Triller
So silberrein gelehrt,
Dass nur auf dich die Schöne
Und nimmer auf die Töne
Des armen Bruders hört?

Singst du nur ganz gewöhnlich;
Wie zauberst du!, wie sehnlich
Errötet dir das Kind!
Sie fängt sich an zu fächeln
Und spricht mit scheuem Lächeln:
Ei, wie Sie lose sind!

Doch wenn der Obotrite
Sich noch so sehr bemühte,
Ein Mienchen zu erflehn;
So spricht das Mädchen schimpfend,
Die kleine Nase rümpfend:
Das kann kein Mensch verstehn!

O lehre mich Selinden
Doch endlich überwinden,
Die unerbittlich ist!
Sie soll mit zwanzig Küssen
Dich einst bezahlen müssen!
Doch wenn du sittsam bist.

J. M. Miller an Voß

Mich Johann Martin Miller
Hat Liederton und Triller
Mama Natur gelehrt;
Ihr dank ich es vor allen,
Wenn mich mit Wohlgefallen
Ein liebes Mädchen hört.

Doch leugn' ich auch mitnichten,
Dass manches Lied zu dichten
Mich Cypris unterwies,
Sie und den kleinen Knaben
Muss man zu Freunden haben;
Dann trillert man erst süß.

Drum, wenn der Obotrite
Sich noch so sehr bemühte,
Zu singen ohne sie;
So kann ich doch nicht hehlen,
Er wird umsonst sich quälen,
Und Mädchen fängt er nie.

Inzwischen muss ichs loben,
Dass er mich so erhoben
In schönen Versen hat.
Wird Daphne mir einst günstig,
Dann küss ihr Mund ihn brünstig
Zum Dank an meiner statt!

Der Traum

Am Himmel blinkte
Der Mond so rein;
Und Liebe winkte
Mich in den Hain.

Durch manche Krümme
Schlich ich gemach
Der leisen Stimme
Des Baches nach.

Der Schimmer schlüpfte
Durch Buchengrün,
Und gelblich hüpfte
Der Bach dahin.

Auf glatten Kieseln
Rollt' er einher,
Und auf sein Rieseln
Kam Schlummer her.

Ein Traum erquickte
Mich, ach, so süß!
Ich ging und blickte
Ins Paradies;

Durchirrte Fluren
Voll Seligkeit,
Sah keine Spuren
Von Gram und Neid;

Ging wie ein König,
Voll Stolz einher,

Und dachte wenig
An Mädchen mehr.

Allein geschwinde
Rief aus dem Glück
Mich, o Selinde,
Dein Kuss zurück.

Erwacht ich immer
So wonniglich,
Dann sehnt ich nimmer
Von hinnen mich.

Der Morgen

Wieder bist du dahin, traurige Mitternacht,
Und der Morgen ergraut! Aber noch senkte sich
   Auf mein schmachtendes Auge
     Der erquickende Schlummer nicht.

Freier atmet die Brust, nenn ich der Dämmerung,
Was dem horchenden Tag nie noch mein Mund entdeckt,
   Deinen Namen, o Daphne,
     Der wie Silber der Saite tönt.

Ruhig schlummerst du jetzt; Engel umschweben dich,
Lispeln leise sich zu, dass du ein Engel bist,
   Und vor allen einst glänzest,
     Wenn dein Geist sich dem Staub entschwingt.

Schläfst so ruhig; denn noch kennst du die Qualen nicht,
Die die Lieb in das Herz ihrer Vertrauten geußt,
   Nicht den Kummer, o Daphne,
     Den dein lächelndes Aug mir schuf.

Wiss', o Mädchen, ihn nie! Trauren will ich allein;
Denn ein grausamer Wahn trennt' uns hienieden doch,
   Schlüg' auch lauter dein Busen
    Meiner schmachtenden Seele zu. –

Horch! Der Lerche Gesang wecket die Dämmerung;
Und ich schweige, bis mich wieder von Westen her
   Meiner Qualen Vertraute,
    Die verschwiegene Nacht, umfängt.

Der Vater an seinen Sohn

O Sohn, du wendest dein Gesicht?
Und hörest deinen Vater nicht
Und spottest seiner Zähren?
Nicht Gottes Stimme, nicht Natur,
Des Lasters Stimme willst du nur,
Betrogner Jüngling, hören?

Sieh einmal noch zurück, eh du
Der rettungslosen Tiefe zu
Im trunknen Taumel rennest;
Und dann umsonst Erbarmen suchst
Und dir und deinem Schöpfer fluchst
Und Wüterich ihn nennest!

Der feilen Buhlerin im Arm,
Umgaukelt dich der Träume Schwarm,
Die mit der Nacht verschwinden
Und deinen heißen Busen bald
In schlangenförmiger Gestalt
Mit tiefem Schmerz umwinden.

Trink immer deinen Taumelwein
Mit gierigstarken Zügen ein!
Bald wird der Rausch entweichen;
Und abgemattet, freudenleer,
Wirst du im Schwelgersaal umher
Beim Reihentanze schleichen. –

Ich sterbe, Sohn! Der Gram beschließt
Ein Leben, das dir lästig ist;
Bald wird mich Erde decken.
Komm dann mit deiner Buhlerin
Zum Hügel deines Vaters hin,
Ganz deinen Sieg zu schmecken!

Dann pflücke, Sohn, auf meinem Grab
Dir Blumen zu den Kränzen ab,
Sie durch ihr Haar zu winden!
Und tanze frech auf meiner Gruft;
Und, wann noch das Gewissen ruft,
Töt es mit neuen Sünden! –

Zu viel, o Gott! Ach, höre, Sohn,
Noch einmal die Religion!
Sie will sich dein erbarmen.
Nicht fremden Lobes darf sie, Sohn;
Ohn Eigennutz und Eigenlohn
Will sie sich dein erbarmen.

Du hörest, ach, du hörest nicht!
Wohlan, so hör auch Gott dich nicht,
Wann nur der Tod dich schröcket,
Und dein Gewissen fürchterlich
Zu Höllenpein und Qualen dich
Aus tiefem Schlummer wecket!

Doch, Sohn, mir bricht das Herz. Dein Gott
Erbarme sich in deiner Not,
Und hör auf deine Klagen!
O möcht er, durch mein Leid erfleht,
Zu meinem jammernden Gebet
Ein gnädig Amen sagen!

Bei einem Leichenmahl

Einen Edeln hat der Tod
Unserm Kreis entrissen.
Lasst uns seinem Angedenken
Jährlich einen Abend schenken,
Bis wir sterben müssen!

Diesen Becher sahen wir
Ihn als Bruder leeren;
Hörten ihn, bei allem Hohen,
Untergang dem Laster drohen
Und der Tugend schwören.

Auf! Ich füll ihm diesen Kelch;
Schwört bei seinem Namen:
Wer des Bruders Angedenken
Will ein würdig Opfer schenken,
Such ihm nachzuahmen!

Abschied von Nais

Weg ist die Hoffnung, die so lang
Mir Freuden vorgeheuchelt,
Und, wann ich schon mich ihr entrang,
Mir neue vorgeschmeichelt,

Die oft, o Nais, hin zu dir
Mich Zitternden begleitet
Und, wo ich Dunkel sah, vor mir
Den hellsten Tag verbreitet.

Oft stieg sie, wann ich im Gebet
Der feierlichsten Lieder
Vom Himmel mir dein Herz erfleht,
In meine Brust hernieder;

Kam oft im Morgentraum mit dir
Entgegen mir gegangen
Und streichelte die Tränen mir
Mitleidig von den Wangen.

Doch, ach! Vergeblich lachte sie
So schmeichelnd mir entgegen;
Denn Lieb und Sehnsucht können nie
Dein hartes Herz bewegen.

Wohlan dann! Nimmer sollst du mich
Und meine Tränen sehen!
Ich flieh, und fliehend soll für dich
Noch meine Seele flehen.

Die Verschwiegenheit

Heimlich nur, doch inniglich
Lieben wir uns beide;
Denn die Liebe scheuet sich
Weislich vor dem Neide.

Wissen soll die Welt es nie,
Wie wir uns verehren;
Sonst in kurzem würde sie
Unsre Freuden stören.

Nachtigallen nur im Hain
Wählen wir zu Zeugen.
Über unser Glück sich freun
Können sie und – schweigen.

Der Bauer an sein Röschen

Schon locket der Mai
Die Schwalben herbei,
Und alles ist fröhlich und heiter;
Auf luftigen Höhn
Und Wiesen entstehn
Die lieblichsten Blumen und Kräuter.

Sieh, Röschen, mein Feld
Ist herrlich bestellt;
Schon schießen die Roggen in Ähren;
Im blühenden Klee,
In sonnichter Höh
Lässt Wachtel und Lerche sich hören!

Sieh, unten am Bach,
Die Schafe gemach
Durch blumichte Gegenden ziehen;
Und, weißer als Pflaum,
Im Garten den Baum
Von unten bis obenan blühen!

Dies alles ist mein,
Und, Röschen, auch dein,
Sobald wir uns ehlich verbinden;
Dann werden uns schnell
Wie Perlen im Quell
Die hüpfenden Tage verschwinden.

An die Vögel
Im Winter

Der Winter hüllt das ganze Land
In sein betrübtes Schneegewand,
Und jeder Vogel sehnt im Hain
Sich nach dem lieben Sonnenschein.

O Vögelchen, so sehn auch ich
Nach einem lieben Mädchen mich;
Seit ich sie kenne, lachte sie
Mir aus dem milden Auge nie.

Doch, was ist euer Kummer? Schon
Ist euer Winter halb entflohn;
Bald lächelt wieder eurem Hain
Der warme Frühlingssonnenschein.

Mir aber wird, solang ich bin,
Kein angenehmer Frühling blühn;
Mir birgt die liebe Sonne sich,
Und steter Winter herrscht um mich.

An Selindens Augen

O, wie leuchtest du so klar,
Himmelblaues Augenpaar!
Aber, ach!, der Liebe Pein
Gossest du ins Herz hinein.

Wo nur Freude war zuvor,
Lockest Tränen du hervor.
Gib mir, o du süßer Blick,
Meine Freuden mir zurück!

Aber, ach!, du wendest dich;
Und mein Auge trübet sich.
Ach, warum, warum so klar,
Himmelblaues Augenpaar?

Der Eidbruch

Du, Linde, standst im Schatten da,
Als unsrer Liebe Schwur geschah;
Es hüllte sich der Mondenschein
In schwarze Donnerwolken ein.

Zu rächen jeden falschen Schwur,
Rief sie die Schrecken der Natur;
Und totendumpf und fürchterlich
Erhub ein Sturm im Wipfel sich.

Und blasse Geister stehen auf,
Und sammeln sich um sie zu Hauf,
Und wollen rächen ihren Eid,
Durch Trug und Freveltat entweiht.

O Rache, Rache, weile noch!
Ihr Geister, schont, o schonet noch!
Vielleicht führt Reue sie zu mir,
Und Friede, Friede sei mit ihr!

Die Eifersucht

Ich habe sie gesehen!
  Sie stand am Rosenbusch mit ihm;
    Vertraulich war
      Ihr Blick, und Zärtlichkeit darin.

Da zittert ich vorüber;
  Sie barg sich hinterm Rosenbusch;
    Ihr Busen schlug,
      Wie er nur Sündern schlagen kann.

O könnt ich sie vergessen!
  Doch an ihr Herz gebunden ist
    Das meinige;
      Und sie nur riss sich grausam los.

Und Rache? – Ja, beim Himmel!
  Der süßeste Gedanke wärs;
    Der süßeste!
      O wär er edel auch dabei!

Minnelied
An mein Liebchen

Lang im Herzen, süßes Kind!,
Hab ich schweigend dich geminnt.
Aber, o wie konnt ich denken,
Solch ein minnigliches Kind
Würde Gegenhuld mir schenken?

Alles Glückes bist du reich,
Weiblich, zart und Engeln gleich;
Nie ward Schöners noch erblicket.
Keines Glückes bin ich reich
Und mit keinem Reiz geschmücket.

Einen ganzen Sommer lang
Übt ich mich im Minnesang;
Aber kriegt ich die zu sehen,
Ach, da wars um Minnesang
Und um mich zugleich geschehen.

Blumen, weiß und rot und blau
Sucht ich auf der grünen Au,
Dich mit Kränzen zu gewinnen;
Aber, kamst du auf die Au,
Ach, da war der Mut von hinnen.

Jeden Reigen hielt ich mit,
Lernte künstlich Tanz und Schritt
Nach der Regel abzumessen;
Aber, tanzte Liebchen mit,
Ach, da war die Kunst vergessen.

Nun, o süßes, süßes Glück!,
Lacht, o Liebchen, mir dein Blick.

Minne hat dein Herz bezwungen;
Und dein Arm, o süßes Glück!,
Hält mich jeden Tag umschlungen.

An die Minne

Minne, wie so wundersam
Kannst du alles machen!
Einem gibst du lauter Gram
Und dem andern Lachen!
Dem färbst du die Wangen rot
Und dem andern blass wie Tod.

Liebchens Augen lässest du
Wie die Sonne scheinen;
Meine müssen sonder Ruh
Ihrenthalben weinen.
Sie hat immer Maienzeit,
Und ich immer Winterleid.

Lass, o Minne, doch einmal
Kommen meinen Maien
Und der Sonne holden Strahl
Meinen Sinn erfreuen!
Dann sing ich, nach Vogelweis,
Dir ein Lied zu Lob und Preis!

Noch ein Lied an die Minne

Liebe, süße Minne, dir
Will ich dienen für und für!
Alles, was mein Herz begehret,
Alles hast du mir gewähret,
Liebchens Auge lächelt mir.

Reinen Engelsinn hat sie;
Wen sie minnt, der trauret nie;
Wer sie morgens nur erblicket,
Ist den ganzen Tag beglücket;
Und ich sehe täglich sie!

Sittsam ist ihr Aug und blau
Wie Violen auf der Au;
Weißer als Narzissen blühet
Ihre Stirn; ihr Mündlein glühet
Wie die Ros im Morgentau.

Gleich dem milden Sonnenschein
Lacht sie allen, Groß und Klein,
Weiß sie alle zu entzücken:
Aber mit der Minne Blicken
Lacht sie mir, nur mir allein!

Einladung zum Tanz
Ein Minnelied

Kommt, ihr Frauen, auf den Plan,
Der, euch zu Gefallen,
Sich mit Blumen angetan,
Wo, im kleinen Wald daran,
Vogellieder schallen.

Bunte Blümlein wollen wir
In den Schoß euch streuen.
Euch zu Kränzen sollet ihr
Sie, mit jüngferlicher Zier,
Aneinander reihen.

Alles findet ihr bestellt,
Was erfreut die Sinnen;
Und, sobald es euch gefällt,
Können wir auf grünem Feld
Einen Tanz beginnen.

Bis es dämmert auf der Au,
Sind wir beieinander,
Und dann geht, im kühlen Tau,
Mit der minniglichen Frau
Jeder Freund selbander.

Wohl und Weh
Minnelied

Wohl, und immer wohl dem Mann,
Der sein Liebes sehen kann,
Der, mit wonniglichen Küssen,
Darf in seinen Arm es schließen!
Wohl, und immer wohl dem Mann,
Der sein Liebes sehen kann!

Aber weh dem armen Mann,
Der nichts Liebes sehen kann!
Der wie ich in Minnebanden,
Trauren muss in fremden Landen!
Weh, und immer weh dem Mann
Der nichts Liebes sehen kann!

Hoffnung an die Minne

O Minne, sieh, ihr Aug ist blau
Und wie der Himmel offen!
Je länger ich mich drinnen schau,
Je mehr lässt mich die gute Frau
Auf tausend Freuden hoffen.

Es lächelt, sitz ich manches Mal
Ihr abends gegenüber,
Bald heller als der Sonnenstrahl,
Bald wird es wieder auf einmal
Von Tränenwolken trüber.

Dies, liebe Minne, dank ich dir
Tief aus des Herzens Grunde;
Denn, weinst du jetzo gleich aus ihr,
So weiß ich doch, es lächelt mir
Dereinst die schönste Stunde.

Lied eines Mädchens

Seit ich hörte seinen Sang,
Wird es mir ums Herz so bang;
Und die süßen Abendstunden,
Die mir sonst so schnell verschwunden,
Werden mir so lang, so lang!

Ach, der gute, liebe Mann
Sieht mich gar zu trüblich an!
Wenn ich ihn so klagen höre,
Dringt ins Auge mir die Zähre,
Dass ich kaum sie bergen kann.

Neulich gab er mir beim Tanz
Zitternd seinen Blumenkranz.
O, wie halt ich ihn verborgen!
Jeden Abend, jeden Morgen
Tränk ich noch den lieben Kranz.

Aber, o, wer sagt es mir?
Was geb ich nun ihm dafür?
Könnten Blumen ihn entzücken,
O, die schönsten wollt ich pflücken.
Aber, ach, wer sagt es mir?

Lied eines Mädchens
Nach Herrn Walther von der Vogelweide

Ein schöner, junger Rittersmann
Schleicht mir den ganzen Tag
Vom allerfrühsten Morgen an
Bis an den Abend nach.

Ich aber meid ihn für und für
Und flieh ihn überall,
Weil mit dem Finger drohend mir
Die Mutter es befahl.

Doch tut es mir im Herzen leid,
Dass ich ihn meiden soll;
Denn sein Gesicht voll Freundlichkeit
Gefällt mir gar zu wohl.

Heut sprach er viel von Angst und Not,
Zuletzt vom Sterben gar,
Und ward dabei so glühendrot,
Als kaum der Himmel war.

Ich konnt ihm wahrlich nicht entfliehn;
Denn weinend bat er mich,
Und weinend setzt ich neben ihn
Aufs Blumenlager mich.

Den Mund, so sehr ichs ihm verbot,
Hat er mir so zerküsst,
Dass er noch jetzo feuerrot
Von seinen Lippen ist.

Die ganze Stätte, wo ich saß,
Deckt' er mit weichem Moos,
Und streute Blumen aus dem Gras
Mir freundlich in den Schoß.

Man sieht, ich fürchte, noch die Spur
Von unsrer Lagerstatt.
O guter Himmel!, wenn man nur
Uns nicht belauschet hat!

Doch war kein Mensch im ganzen Tal,
Und ruhig wars im Hain;
Und die geliebte Nachtigall
Wird doch verschwiegen sein?

Gebet eines Liebenden

Allliebender!, vergib, dass ich
Mich deines schönen Maien
Und aller Blumenpracht um mich
Nicht fürder kann erfreuen!

Gern ließ' ich mit der Nachtigall
Dir meinen Preis ertönen;
Ach, aber meines Liedes Schall
Erstickt in bangen Tränen.

Gern wallt ich abends auf der Flur
In frohen Freundeschören;
Ach, aber Seufzer würden nur
Der Freundschaft Freuden stören.

Die Liebe, deiner Schöpfung Zier,
Die schönste deiner Gaben,
Hat unheilbare Wunden mir
Tief in die Brust gegraben.

Ach, lass um Daphnens gutes Herz
Mich in der Stille klagen;

Und lehr der Liebe bittern Schmerz
Geduldig mich ertragen!

Das Mädchen an die Nacht

Stille Nacht, o sei gegrüßet!
Du verrätst die Seufzer nicht;
Und die stumme Zähre fließet
Unverhohlner vom Gesicht.
Hier will ich, im Mondenglanze,
Auf den werten Auen gehn,
Wo ich ihn so oft zum Kranze
Frühlingsblumen sammeln sehn.

Alle Blümchen will ich pflücken,
Die er mir zurücke ließ;
Will damit den Busen schmücken,
Dem er seine Ruh entriss.
Ach!, an seinem Busen blühtet
Ihr, o Blumen, noch so schön!
Aber strenger Wahn verbietet,
Ihm ein Wörtchen zu gestehn.

O du kennst, geliebte Liebe,
Meinen unbescholtnen Sinn;
Kennst die reinen, keuschen Triebe,
Die in diesem Herzen glühn;
Lass ihn, wenn ich ihn verdiene,
Wieder hier vorübergehn!
Und dann lass, in jeder Miene,
Ihn mein stilles Leiden sehn!

Minnepreis

Seht!, der Winter ist vergangen;
Anger, Wald und Heide prangen;
Alles freuet sich darob.
Minne lehrt die Vögel singen;
Minne lehrt die Lämmer springen;
Minne sei mein Preis und Lob!

Minne Lieb und Leid erteilet;
Minne wundet, Minne heilet;
Immer trauren lässt sie nie;
Minne lässt zuweilen weinen,
Aber auch die Sonne scheinen;
Immer preisen will ich sie.

Sittenverderb

Ein Mann, ein Mann! Ein Wort, ein Wort!
So schwur der Väter Mund;
Dann ging ein jeder ruhig fort,
Und hielt auf seinen Bund.

Das Weib gab ihrem Mann die Hand,
Gelobt' ihm Lieb und Treu;
Dann riss der Ehe heilig Band
Kein Bubenstück entzwei.

Nun aber schwört man hohen Eid
Im deutschen Vaterland;
Und doch ist Treu und Redlichkeit
Aus Stadt und Dorf verbannt.

Dies danken wir dem Fremden, der
In Freundestracht sich hüllt
Und unser ganzes Land umher
Mit seinem Gift erfüllt.

Und dennoch heben wir ihn hoch
Und küssen ihm die Hand
Und senden ihm die Jugend noch
Zum Unterricht ins Land!

Das deutsche Mädchen an ihr Klavier

Kein welsches Lied voll Opernschmerz
Entehre dich, Klavier!
Kein buhlerischer Afterscherz
Des Franzen schall auf dir!

Deutsch war dein Meister; deutsch bin ich,
Und liebe keuschen Sang;
Drum mischen deutsche Lieder sich
In deinen ersten Klang!

Dein Lächeln, Schwester Unschuld, sci
Des Spieles bester Lohn!
Dir nur und meinem Jüngling weih
Ich künftig jeden Ton.

Dein vaterländisch Lied sing ich
Ihm dann, o Winthem, zu.
Dein Klopstock sang es auch für mich;
Denn deutsch bin ich wie du!

Der Jüngling werde stolz, dass ihn
Ein Herz wie meines wählt;
Und sink an meinen Busen hin,
Den gleicher Stolz beseelt!

Frühlingslied

O seht!, die liebe Sonne lacht;
Die Wiese kleidet sich in Pracht;
Zerronnen ist der Winterschnee;
Und Blumen dringen aus dem Klee.

Auf blaue Veilchen sammeln sich
Die kleinen Bienen emsiglich;
Der bunte Buttervogel freut
Sich über sein bemaltes Kleid.

Die Lerche schwingt sich hoch empor;
Im Hain erschallt der Vögel Chor;
Vor allen aber tönt der Schall
Der lieben, kleinen Nachtigall.

Von dir, o Liebe!, schallt ihr Lied
Und das geliebte Weibchen flieht
Zum Männchen hin, und inniglich
Schmiegt sie an seine Seite sich.

O hätt ich, liebe Nachtigall,
Wie du, so reinen, süßen Schall!
Dann käm mein Röschen auch zu mir,
Und freuen könnt ich mich mit dir!

Der Frühling
An Röschen

Siehe, mein Röschen, der Frühling ist da;
Freuden die Fülle sind ferne, sind nah;
    Blumen entspringen;
    Vögelein singen,
Dass die Gebürg und die Täler erklingen.

Lass uns besuchen den seligen Plan,
Wo wir uns beide das erste Mal sahn!
    Blumen entsprangen;
    Vögelein sangen,
Dass die Gebürg und die Täler erklangen.

Aber ich wandelte traurig einher,
Fühlte die Freuden des Maien nicht mehr,
    Blickte danieder;
    Blumen und Lieder
Waren dem liebenden Jüngling zuwider.

Bis du mein einsames Klagen gehört
Und mir die Tränen in Lachen verkehrt.
    Jetzo erfreuen
    Wieder von neuen
Mich die gesegneten Tage des Maien.

Deutsches Trinklied

Auf, ihr wackre Herzensbrüder!
Feiern wollen wir die Nacht!
Schallen sollen frohe Lieder,
Bis der Morgenstern erwacht!

Lasst die Stunden uns beflügeln!
Hier ist echter, alter Wein,
Mildgereift auf Hochheims Hügeln
Und gepresst am alten Rhein!

Wer in fremdem Tranke prasset,
Meide dieses freie Land!
Wer des Rheines Gabe hasset,
Trink, als Knecht, am Seinestrand!
Singt in lauten Wechselchören!
Ebert, Hagedorn und Gleim
Sollen uns Gesänge lehren;
Denn wir lieben deutschen Reim.

Unser Kaiser Joseph lebe!
Biedermann und deutsch ist er.
Hermanns hoher Schatten schwebe
Waltend um den Enkel her,
Dass er, mutig in Gefahren,
Sich dem Vaterlande weih
Und in Kindeskinderjahren
Muster aller Kaiser sei!

Jeder Fürst im Lande lebe,
Der es treu und redlich meint!
Jedem *braven Deutschen* gebe
Gott den wärmsten Herzensfreund
Und ein Weib in seine Hütte,
Das ihm schaff ein Himmelreich,
Und ihm Kinder geb, an Sitte
Unsern braven Vätern gleich!

Leben sollen alle Schönen,
Die, von fremdem Tande rein,
Nur Tuiskons edeln Söhnen
Ihren keuschen Busen weihn!

Deutsche Redlichkeit und Treue
Macht allein uns ihrer wert;
Drum wohlauf, der Tugend weihe
Jeder sich, der sie begehrt!

Amynt bei einer Schlittenfahrt

Ach, ich sah es, wie ihr Schlitten
Windeschnell vorbeigegelitten.
In dem ganzen, langen Reihn
Sah ich ihren nur allein!

Von den Silberglöckchen allen
Hört allein ich ihre schallen;
Aber trauervoll und bang
Tönte mir ihr Silberklang.

Dieses Herz, das ich besessen,
Wird es meiner nicht vergessen?
Sah sie ihrem Führer nicht,
Ach, so freundlich ins Gesicht?

O ihr schneebedeckten Höhen,
Wo ich sie zuerst gesehen,
Stimmt in meinen Klageton!
Sie vergaß Amyntens schon!

In dem Schnee auf diesen Auen
Soll man ihren Namen schauen!
Unter Herzenspein
Grab ich hundertmal ihn ein.

Aber bald wird er vergehen!
Winde werden ihn verwehen!
Ach, so schwand aus ihrem Sinn
Auch mein Angedenken hin!

An Philaiden

Süßer, als in Frühlingslüften
Philomelens Lied erschallt,
Wenn, umweht von Blumendüften,
Durch die Flur ein Mädchen wallt;

Süßer als der Klang der Quelle,
Die durch Wiesentäler fließt
Und mit jeder Silberwelle
Jugendliche Veilchen küsst;

Süßer, anmutsvoller töne
Dreimal glücklicher Gesang!
Denn die beste, frömmste Schöne
Horcht auf deinen Silberklang.

Aber kann sie Klage hören,
Sie, die alles lächeln macht?
Liebt ein Auge bange Zähren,
Das so sonnenheiter lacht?

Die du ehmals frohe Lieder,
Göttin Freude, mich gelehrt,
Blick auf den Verlassnen wieder,
Dass dich Philaide hört!

Doch von meinen Tränen wendest
Du dein lächelndes Gesicht;
Ach, und mir Verbannten sendest
Du der Ruhe Balsam nicht. –

Philaide! Dunkel hüllet
Sich um meine Seele her;
Und der Schwermut Seufzer stillet
Keines Freundes Stimme mehr.

Ausersehen nur zur Klage
Hat in dieses öde Land
Mich der traurigste der Tage
Unter Toren hingebannt;

Wo aus liebevollen Tönen
Schmeichelnde Verstellung spricht
Und ein Chor verbuhlter Schönen
Netze für die Unschuld flicht;

Wo man statt der alten Sitte
Feine Franzenlüge preist
Und die Einfalt in die Hütte
Des verhöhnten Dörfers weist;

Wo auf geile Buhlgesänge
Die geschminkte Dirne lauscht
Und um schimmerndes Gepränge
Der Natur Gewand vertauscht.

O bedaur in diesen Leiden,
Philaide, deinen Freund,
Der vergeblich nach den Freuden
Jener Zeit zurücke weint;

Da aus treuen Freundesblicken
Liebe mir entgegenfloss
Und mit himmlischem Entzücken
Sich ins offne Herz ergoss.

Stiege bald der Tag hernieder,
Der mit Sonnenglanz geziert
Mich an ihren Busen wieder
Weg aus dieser Wüste führt!

Lächeln käm, o Philaide,
Dann in meinen trüben Blick,
Und der lang erflehte Friede
Wieder in mein Herz zurück.

Abschied

Stolz auf mein Vaterland und mich
Veracht ich, stolzes Mädchen, dich!
Zwar zärtlich ist ein deutscher Mann,
Doch keinem sklavisch untertan.

Ich hab ein gutes Herz und kam
Und bot mich dir zum Bräutigam;
Du aber lachtest ungescheut
Der deutschen Offenherzigkeit;

Und wolltest, wie dir vor geschehn,
Mich tief im Staube schmeicheln sehn.
Ha!, glaube, Mädchen: Schmeichelei
Ist deutschen Seelen Sklaverei!

Drum lebe wohl und spotte nicht,
Wenn mir das Herz beim Scheiden bricht!
Du wärest deines Landes Zier,
Schlüg auch ein deutsches Herz in dir!

Antwort
Von einem dem Verfasser unbekannten Frauenzimmer

Zu stolz auf Vaterland und dich
Verachtest du, o Jüngling, mich!
Mich deutsches Mädchen? Wisse dann,
Dass es dich liebt und lassen kann!

Geh, such ein leichtes, falsches Herz!
Und ich verberge Lieb und Schmerz;
Ich lache, fürcht und flieh den Mann,
Der nicht den Guten schmeicheln kann.

Wie du, veracht ich Sklaverei
Und Goldesdurst und Buhlerei
Und spotte des, der schmeichelnd trügt,
Sich falsch im Staub ein Herz erlügt.

Doch (weh, mein Herz!) den wähl ich nicht,
Der Herrschergunst, nicht Liebe spricht.
Leb wohl! Du siehst beim Scheiden hier,
Es schlag ein deutsches Herz in mir.

Antwort des Verfassers auf das Vorige

Ha! Tränen mir im Angesicht?
O Gott, dies Glück verdien ich nicht!
Verworfen müss' er sein, der Mann,
Der solch ein Mädchen kränken kann!

Wie Engel gut und groß wie sie,
Hub spröder Stolz die Seel ihr nie;
Unedler Buhler Schmeichelei
War ihrem Herzen Sklaverei.

Und, oh, von Höllenwut entbrannt,
Hab ich, o Edle, dich verkannt
Und hielt, von stolzem Wahn betört,
Dich keines deutschen Herzens wert!

Nun wünschest du, o Reu und Schmerz!,
Zu wählen mir ein falsches Herz!
Ach, wallt noch deutsches Blut in dir,
So nimm, o nimm den Fluch von mir!

(1774)

Der Morgen

Warum sollt ich mich nicht freun!
Nenn ich doch mein Röschen mein!
Kirr ist sie, wie Turteltäubchen,
Sanft, wie Nachtigallenweibchen.
Warum sollt ich mich nicht freun?
Nenn ich doch mein Röschen mein!

94

Brich, o Sonne, brich hervor
Durch der Morgenröte Flor!
Wann du wirst am Himmel prangen,
Will sie mich im Hain empfangen.
Brich, o Sonne, brich hervor
Durch der Morgenröte Flor!

Düftet, Blümchen, düftet süß!
Werd, o Flur, ein Paradies!
Überall, wo Engel gehen,
Müssen Paradies' entstehen.
Düftet, Blümchen, düftet süß!
Werd, o Flur, ein Paradies!

Ach, sie kömmt!, o welch ein Glück!
Mir entgegen lacht ihr Blick!
Lasst ihr, liebe Nachtigallen,
Euren Morgengruß erschallen!
Ach, sie kömmt!, o welch ein Glück!
Mir entgegen lacht ihr Blick!

An meine künftige Geliebte

O du, das ganz mein Herz erfüllt,
Geliebtes, süßes Schattenbild!
O Mädchen, das einst Harm und Wohl
Mit mir auf Erden teilen soll!

Im Staube nieder werf ich mich,
Und fleh zu Gott empor für dich,
Dass er dein Herz mir rein und zart,
Und fromm und edel aufbewahrt.

Dass Flitterstaat und Prunk und Geld
Nie deinen Geist gefangen hält;
Kein Buhlersang dein Herz empört;
Noch Schmeichelrede dich betört.

Dein Engel führ oft dich allein
Am stillen Abend in den Hain
Und zeige dir auf jeder Flur
Den guten Schöpfer der Natur!

Nimm, wie der Mittler einst getan,
Dich jedes armen Bruders an!
Wisch ihm die Träne vom Gesicht!
Doch meide, selbst zu weinen, nicht!

Ein Mädchen, gut und rein wie du,
Eil deinem Arm als Freundin zu!
Dann komme Lieb und winke dir
Und schenke deine Seele mir!

Baurenlied

Wie bin ich sonst so sorgenfei
Durchs Leben hingeschlendert!
Nun fühl ich seit dem ersten Mai
Mich ganz und gar verändert.

Dies, böses Röschen, kömmt von dir;
Ich kann dirs nicht verhehlen;
Mein armes Herz muss für und für
Sich deinethalben quälen.

Denn, ach!, du tanztest gar zu fein,
Als du den Reihen führtest
Und gleich dem lieben Sonnenschein
Den Blumenanger ziertest.

Die Dirnen sahn dich wie der Wind
Durch ihre Reihen schlüpfen;
Und keine konnte so geschwind
Wie du vorüberhüpfen.

Noch immer, immer muss ich dich
Vor meinen Augen sehen;
Ach, gutes Röschen, liebe mich!
Sonst ists um mich geschehen.

Deutsches Lied

Dass ein deutscher Mann ich bin,
Des erfreuet sich mein Sinn:
Denn ein echter Deutscher ist
Immer auch ein guter Christ.

Dass ein guter Christ ich bin,
Des erfreuet sich mein Sinn:
Denn in Not und Ungemach
Folgen Glück und Ruh ihm nach.

Und als Bruder zugetan
Ist ihm jeder gute Mann.
Drum erfreuet sich mein Sinn,
Dass ein deutscher Mann ich bin.

Elisens Engel,
als sie schlief

Schlummre, Mädchen, schlummre süß!
Träume nur von Seligkeiten,
Die in Gottes Paradies
Meine Brüder dir bereiten!
Unter mancher guten Tat
Ist der Tag dir hingeflossen,
Und mit Gottgedanken hat
Sich dein Auge zugeschlossen.

Arme Brüder speistest du;
Mildertest der Waise Leiden;
Sprachst dem Kranken Tröstung zu
Und belebtest ihn mit Freuden;
Warst an stiller Sittsamkeit
Allen Freundinnen Exempel
Und ein Bild der Frömmigkeit
In der Gottheit stillem Tempel.

Jede deiner Stunden ist
Deinen Mitgeschöpfen Segen;
Nur Amyntens Auge fließt
Noch in Tränen deinetwegen.
Oft, mit Trauer angefüllt,
Sah ich seine Seele schmachten
Und, in Wehmut eingehüllt,
Seinen Engel ihn betrachten.

Ach, der Engel ist mein Freund
Und der Jüngling dir ergeben.
Welche Wonne, wenn vereint

Wir euch leiteten durchs Leben;
Wenn am heiligen Altar
Palmen euer Haar umschlängen
Und von meiner Brüder Schar
Segenslieder euch erklängen!

Oft im Stillen würdet ihr
Süße Freudentränen weinen;
Oft euch segnend würden wir
In Gesichten euch erscheinen;
Freuden aus dem Himmelreich
In die fromme Seele strahlen
Und der Zukunft Bilder euch
Aus dem Paradiese malen.

Wachend würdest du vom Traum
Ihm die Freuden alle nennen;
Staunend würd in deinem Traum
Er den seinigen erkennen,
Still des Bildes Deutung sich
In geheimer Brust entschließen
Und mit Ahnungstränen dich
Auf die reine Lippe küssen.

Wenn dann dir zum zweiten Mal
Seine Trän im Auge blinkte
Und hinauf vom Erdental
Dich die Siegerpalme winkte:
O, dann würd ich noch als Freund
Tröstend um den Gatten weilen
Und, wenn hier er ausgeweint,
Dir mit ihm entgegeneilen!

Im Rosenmond

Die Rosen sind kommen
In lieblicher Zier;
Doch wollen sie mir,
Ach, ohne mein Liebchen nicht frommen!

In vorigen Zeiten,
Da freut ich mich auch!
Da saß ich am Strauch
Dem blühenden Mädchen zur Seiten!

Nun aber, ach, gehet
Sie ferne von hier,
Ach, ferne von mir,
Von glücklichern Düften umwehet!

O Liebchen, du schickest
Zuweilen mir doch
Ein Seufzerchen noch,
Indem du ein Röschen erblickest?

Die Reue an Dortchen

Mit Tränen, Dortchen, denk ich mir
Die längstverlebten Stunden,
Da treue Zärtlichkeit mit dir
Mein junges Herz verbunden.

Im weichen Grase lag ich oft,
Von Buchen überrauschet,

Und sang und sah mich unverhofft,
O Glück!, von dir belauschet;
Und drückte feurig dich ans Herz,

Das dir entgegenstrebte,
Bis dort am Walde niederwärts
Die goldne Sonne bebte.

Wie selig priesen wir uns da!
Wär auch ein Fürst gekommen
Mit Kron und Reich und Zepter, ha!,
Wir hättens nicht genommen.

Für unsern liebetrunknen Sinn
War all sein Glück zu wenig.
Du warest meine Königin,
Ich, Dortchen, war dein König.

Bis, von Verleumdung angefacht,
Mich Eifersucht entbrannte,
Und seelennagender Verdacht
Aus deinem Arm mich bannte.

O Stunde, da ihr Taumelwein
Mich Rasenden betörte!
Und ich auf deine Schmeichelein,
Unschuldige!, nicht hörte!

Vergib, o Mädchen, kannst du noch
Dem Irrenden vergeben!
Wo nicht, so brich, o Tod, dies Joch
Und ende solch ein Leben!

Erinnerung an Elisen

Einsam bin ich, meine Liebe!,
Denke dein und härme mich.
Ach, wie ist die Welt mir trübe,
Wie so leer mir ohne dich!
Hier, wo keine Seele lauschet,
Klag ich mit der Nachtigall,
Und in meine Klage rauschet
Trauriger der Wasserfall.

Von verschränkten Buchen nieder
Girrt der Tauber seine Pein;
Amseln mischen ihre Lieder
Auf dem Tannenbaum darein;
Grillen zirpen aus dem Moose,
Das mir keine Blum erzieht,
Als die kleine, zarte Rose,
Die in blasser Röte blüht.

Ach, Elisens süßes Bildnis,
Diese Träne wein ich dir!
Sei in dieser stillen Wildnis,
Sei ein Bild Elisens mir!
So auf ferner Flur verlassen,
Härmt im Stillen sie sich ab;
So wie deine Blätter blassen
Ihre zarten Wangen ab.

O!, ich sehe sie, und düster
Ist ihr holdes Angesicht;
In das leise Haingeflüster
Mischt sich ihre Stimme nicht;
Alles mahnet sie des Glückes,
Das uns hier vorüberschwand;

Alles sie des Missgeschickes,
Das von ihr mich weggebannt.

Tröste dich! Ein Tag vereinet
Bald auf ewig mich mit dir.
Dann, o meine Liebe, weinet
Nur der Liebe Glück aus mir!
Schöner, wie nach Maienregen
Dir die Blumenwiese lacht,
Blickt uns dann der Tag entgegen,
Der uns ewig glücklich macht.

Vergleichung an Daphnen

Als ich dich zum ersten Male sah,
Fühlt ich tausend Wonne;
Wie die Blumenknospe stand ich da
In der Morgensonne.

Aber, ach, die süße Freude floh;
Bald empfand ich Qualen;
Zarte Wiesenblümchen welken so
In den Mittagsstrahlen.

Sterben werd ich, wenn nicht dein Gesicht
Gegenhuld mir lächelt
Wie das Blümchen, wenn ihm Zephyr nicht
Milde Kühlung fächelt.

Auf ein sterbend Röschen sah ich dich
Jüngst mit Tränen sehen;
Bestes Mädchen, und du ließest mich
Ohne Trost vergehen?

1773

Der Patriot an sein Vaterland

Süß ist der Name Vaterland,
Wo Einigkeit mit festem Band
Die Bürgerherzen kettet;
Wo jeder gern durch eignes Blut
Des Nebenbürgers Hab und Gut
Von Räuberhänden rettet.

Wo auf dem Thron Gerechtigkeit
Den Armen, der um Hülfe schreit,
Vor Unterdrückung schützet;
Und, von der Unschuld Wehr umschanzt,
In Lauben, die er selbst gepflanzt,
Der greise Bürger sitzet.

Wo alle Priester Christen sind
Und kein Verführer unser Kind
Zu niedern Lüsten reizet;
Wo nur allein nach Sittsamkeit
Und Unschuld und Bescheidenheit
Das zarte Mädchen geizet.

Wo man das graue Alter ehrt,
Auf Männerrat und Warnung hört
Und offenherzig handelt;
Auf guten, strengen Sitten hält
Und nicht die Einfalt erster Welt
In neuern Prunk verwandelt.

O welch ein Bild! O Vaterland!
Ich seh, das Auge weggewandt,
Auf ewig dich nicht wieder;
Und flieh und bete noch für dich.
O, senkten meine Wünsche sich
Doch bald auf dich hernieder!

An meinen lieben St**

Preis, o Bester, nicht mein Lied
Unsers Vaterlandes Schönen!
Ach, umsonst hab ich geglüht,
Noch der Enkelin zu tönen.
Trieb auch feuriges Gefühl
Mich zum Klange süßer Lieder,
O, so gab mein Saitenspiel
Leise nur den Nachhall wieder.

Gerne segnet den mein Herz,
Der von höherm Feuer glühet,
Den vom Staube himmelwärts
Genius und Gottheit ziehet.
Ich will seiner Harfe Klang
Tief im Blumentale hören
Und wie er durch Spiel und Sang
Tugend durch mein Leben lehren.

Sing, o Bester! Dein Gesang
Wird der Zeiten Wechsel höhnen;
Noch dem Enkel wird sein Klang
Tugend in die Seele tönen.
Auch mein Enkel müsse noch
Glühend deine Lieder lesen;
Und sein Busen wall ihm hoch,
Dass mein Herz dir wert gewesen!

Todeserinnerung

Was du, Gott, auf Erden schufest,
Trägt das Bild der Sterblichkeit;
Wo er hin sich wendet, rufest
Du dem Menschen: *Sei bereit!*
Wenn die Sommerstrahlen glühen
Und die Saat der Reifung lacht,
Muss der Blume Schmuck verblühen,
Die im Morgentau erwacht.

Wenn des Herbstes Früchte reifen,
O, so reifen sie dem Grab;
Winde stehen auf und streifen
Sie vom vollen Baum herab;
Dann beginnt des Winters Stille,
Wenn der Herbstwind ausgedroht,
Und in weißer Leichenhülle
Liegt umher die Schöpfung tot.

Zwar im neuen Feierkleide
Naht der junge Lenz heran;
Und Gebürg und Tal und Heide
Sind mit Blumen angetan;
Bäum entknospen sich und grünen,
Hüllen sich in Blüten ein;
Aber mitten unter ihnen
Welkt der schönste Baum im Hain.

Vögel preisen uns im Kühlen
Den beseligenden Mai;
Aber eh sie ganz ihn fühlen,
Stürzt sie schon ein schnelles Blei.
Lämmer hüpfen sonder Sorgen
Durchs beblümte Wiesental;

Aber, arme Lämmchen!, morgen
Tränkt ihr schon den Mörderstahl.

Kinder brechen auf den Höhen
Blumen sich zu Kränzen ab;
Aber unvermutet stehen
Sie auf der Gespielen Grab.
Wenn sich in erhellten Hallen
Jünglinge des Tanzes freun
Und die Pauke tönt, erschallen
Plötzlich Totenglocken drein.

Gott, mit jedem Tage nahen
Wir uns der Vergänglichkeit;
Ach, uns alle zu empfahen,
Ist ein weites Grab bereit.
Drum erheb vom Staubgewimmel
Dich zu Gott hinauf, mein Geist,
Sammle Schätze dir im Himmel,
Die kein Wechsel dir entreißt!

Bei Nacht

Willkommen, frohe Nacht, die du
Den schönsten Tag vollendest
Und der Erinnrung süße Ruh
Nach Taumelfreuden sendest!

Wisch aller Augen Tränen ab,
Die noch im Dunkel fließen!
Lass jedes Glück, das mich umgab,
Mich noch einmal genießen!

Ihr Augen, die ihr heller mir
Als diese Sterne lachtet,
Die ich mit süßerer Begier
Als diesen Mond betrachtet!

Die ihr wie dieser Silberschein,
Ihr Freuden, mich umwalltet!
Ihr Lieder, die ihr süß und rein
Wie Abendflöten schalltet!

Du reine Seele, die du mich
Durch Engelskuss beglücktest
Und mehr wie diese Stille mich
Zu Gott hinauf entzücktest!

Komm, meine Liebe, senke dich
Zu mir im Traum hernieder!
Komm, süße Liebe, küsse mich
So süß noch einmal wieder!

Ach, Gott! Sie schlummert; lass sie ganz
Dein Wohlgefallen fühlen!
Lass es wie Morgenwolkenglanz
Um ihre Seele spielen!

Singt, Engel, den Gesang ihr vor,
Der ihr dereinst erschallet,
Wann frei ihr Geist zu Gott empor
Gleich Opferflammen wallet!

Zeigt mich in frommen Träumen ihr,
Wie ich hier dankend knie,
Dass immer ihre Seele mir
In reiner Liebe glühe!

Lied einer Nonne an Clarissa

Ach, du lieber Mond, wie helle
Scheinest du in diese Zelle,
Wo, auf ewig eingemaurt,
Gottes Anverlobte traurt!

Aber leiser, meine Klage!
Dass kein Laut das Glück verjage,
Das in Traumestäuschung süß
Sich zu Schwestern niederließ!

Schlummert, o geliebte Seelen!
Ich will mich alleine quälen;
Will im Stillen meiner Pein
Jammernde Vertraute sein.

Schlummert ihr auch, deren Härte
Mich in diesen Kerker sperrte!
Vater!, Mutter!, schlummert ein!
Jesus will, ich soll verzeihn.

Aber fromme, sanfte Klagen
Kann mir Jesus nicht versagen;
Schuf er meine Seele doch
Nicht für dieses harte Joch!

Jeder Vogel darf im Freien
Sich mit seinesgleichen freuen;
Jedes Würmchen, noch so zart,
Spielt mit Würmchen seiner Art.

Noch im späten Mondenglanze
Drehen Mücken sich im Tanze;
Alles freuet inniglich
Dein, o süße Freiheit, sich!

Nur uns armen, guten Seelen
Soll dein Glück auf ewig fehlen;
Kalt mit frommgefaltner Hand
Hat uns Wahn hiehergebannt!

An den heiligen Altären
Musst ich jeder Lust entschwören.
Mutter Gottes!, ach, ich schwur!,
Und ich brach, ich brach den Schwur!

Diese Seufzer, diese Blicke
Schmachten nach der Welt zurücke;
Sehnen wiederum von hier,
O Clarissa, sich zu dir!

Du, an meiner Brust erzogen,
Ach, ich bin, ich bin betrogen!
Was man mir so schön gemalt,
Ist des Jammers Aufenthalt.

Weine, Freundin! Ach vergebens
Freut ich mich mit dir des Lebens;
Und der Welt, die voller Pracht
Mir noch damals zugelacht.

Rosen pflanzt ich. Eh sie blühen,
Werd ich diesen Kerker fliehen.
Pflücke sie vom Strauch herab
Und bestreu damit mein Grab!

Weine, Freundin! Diese Blicke
Schmachten nach der Welt zurücke!
Mutter Gottes!, ach, ich schwur!,
Und ich brach, ich brach den Schwur!

Clarissa an Cäcilia

Ja, Cäcilia!, verschwunden
Sind in ewig trübe Nacht
Unsers Lebens erste Stunden,
Die so heiter uns gelacht;
Als noch über unserm Haupte
Freiheit ihre Palmen schwang,
Bis dich Aberglaub ihr raubte
Und in seine Fesseln zwang.

Alle Lebensfreuden fühlten
Wir im unbescholtnen Sinn;
Wie der Unschuld Lämmer spielten
Wir durchs goldne Leben hin;
Sahen keine Schlange lauschen,
Wo wir Blumen blühen sahn;
Hörten vor des Baches Rauschen
Keiner Wetterwolke Nahn.

Armes Lamm!, der List des Hirten
Konntest dennoch nicht entfliehn;
Seine falschen Bande führten
Dich zum Würgaltare hin. –
O des Vaters, der im Grimme
Dich der Freiheit Arm entriss!
O der Mutter, die die Stimme
Der Natur verstummen ließ! –

Als du am Altare knietest,
Schon als Opferlamm geschmückt;
Als du wie die Rose blühtest,
Die nun bald der Sturm zerknickt;
Als bei lauten Orgelchören

Dich der Pöbel selig sprach:
Ach, da flossen meine Zähren
Und mein Herz voll Liebe brach.

Noch erschallt in meinen Ohren
Deiner Stimme schwacher Ruf,
Als du jedem Glück entschworen,
Dem auch dich der Schöpfer schuf.
Deine nassen Augen irrten,
Suchten in der Menge mich;
Und die Klostertore klirrten
Und verschlangen ewig dich.

Ach, da ging ich hin zu klagen,
Dass dich alle Welt verließ,
Dass des Lebens schönsten Tagen
Dich ein wilder Wahn entriss;
Selig pries ich meine Stunden,
Von der Freiheit Strahl erwärmt;
Selig, auch von Gram umwunden,
Auch von jeder Angst umschwärmt.

Aber tausend Leiden stürzten
Über meine Seel herab!
Menschentrug und Frevel kürzten
Meiner Jugend Freuden ab. –
Weine nicht in deiner Zelle,
O Geliebte, weine nicht!
Naht doch ihrer sichern Schwelle
Sich kein frommer Bösewicht.

Außer ihren stillen Mauren
Siegen Arglist und Gewalt;
Auf der Tugend Frieden lauren

Tausend Feind im Hinterhalt,
Schmeicheln im Gewand der Liebe
Sich in unsre Seelen ein,
Und der heiligste der Triebe
Wandelt sich in bittre Pein.

Wiss! Es trog um alle Freuden
Ein verkappter Bube mich!
Sittsam kam er und bescheiden,
Schlich in meine Seele sich.
Blumen lachten mir entgegen,
Die sein Zauber hieß entstehn;
Liebe kam, mich zu bewegen,
Mit durchs Leben hinzugehn.

Aber, o!, in Wüsteneien
Wandeln alle Fluren sich;
Tausend Ungeheuer dräuen,
Und mein Führer fliehet mich;
Schenkt an feile Buhlerinnen
Seinen falschen Flattersinn;
Und in trübem Jammer rinnen
Meine Lebensstunden hin.

Freundin!, ach, der Qual erlegen
Wäre meine Seele schon;
Käm uns Jesus nicht entgegen
Und mit ihm die Religion.
Wenn ihr Strom uns nicht entquölle,
Wo der Lebensbach verrinnt,
O, so wär ein Leben Hölle,
Wo so viele Teufel sind!

Die Untreue

Schwing dich auf, mein Geist, und freue
Wieder deines Lebens dich!
Sieh, die Schöpfung lacht aufs Neue;
Berg und Tal verschönen sich.

Alle Vögel singen wieder,
Da die Winternacht entflohn.
Auf, und misch in ihre Lieder
Deiner Lobgesänge Ton! –

Aber, ach, um mich ists trübe;
Winter trauret um mich her.
Deine Qual, o falsche Liebe,
Gönnt mir keine Freuden mehr.

Alle raubte mir Themire,
Die ich, ach!, so sehr geliebt;
Die nun, trotz der höchsten Schwüre,
Hand und Herz Damöten gibt.

Wandl', o Falsche, zum Altare!
Blumen blühn zu Kränzen dir.
Mir erwachsen sie zur Bahre;
Und Verzweiflung pflückt sie mir.

Das mitleidige Mädchen

Der fromme Damon dauert mich
Von ganzem Herzen;
Voll innern Harms verzehrt er sich
In Liebesschmerzen.
Wie Sommerrosen welkt er hin:
Doch weinen kann ich nur um ihn.

Er schwankt des Tages zehenmal
Mein Haus vorüber;
Und immer wird bei seiner Qual
Mein Auge trüber.
Ich blicke traurig nach ihm hin:
Doch weinen kann ich nur um ihn.

Ach dir, Amyntas, schlägt allein
Dies Herz im Stillen;
Du nur kannst seine süße Pein
Durch Liebe stillen!
O Liebe, lenke du sein Herz,
Und lindr', o lindre Damons Schmerz!

Der verliebte Bauer

Ich bin so traurig, bin so still!
Mein ganzer Mut ist hin!
Denn, ach!, die kleine Fieke will
Mir nimmer aus dem Sinn.

Bald pfeif ich was, bald sing ich was
Und mein es doch nicht so;
Ich mache bei den Bauren Spaß
Und bin doch nimmer froh.

Es ist ein Leben voller Qual,
Wenn man sich so vergafft
Und sich doch nicht ein einzig Mal
Durch Reden Luft verschafft!

Ich wollt es ihr so oft gestehn
Und habs noch nie getan.

Mir ist, als müsst ich gleich vergehn,
Seh ich sie darum an.

Ich härme sichtbarlich mich ab;
Doch Fieke siehts und lacht!
Und senkte mich der Harm ins Grab,
Sie hätt es wenig Acht!

Abends in der Laube

Der Abend wallt mit süßer Ruh
Von Taugewölken nieder;
Die bunte Tulpe schließt sich zu;
Der Hain vergisst der Lieder.
Nur von beglückter Liebe singt
Noch meine Philomele;
Und, ach, ein Sehnsuchtsseufzer dringt
Mir schmachtend aus der Seele.

O komm, Elise, lass mit ihr
Des Abends uns genießen!
Komm, von der warmen Lippe mir
Den Seufzer wegzuküssen!
Horch, ihre Silberstimme schallt
In hellern Doppelschlägen;
Und Nachtviolenbalsam wallt
Dir lieblicher entgegen.

O du, ihr Engel, leite sie
Voll ahndender Gefühle
Am Arme süßer Sympathie
In diese Maienkühle!

Dass wie der Mond aus Wolken hier
Sie mir im Dunkel lache
Und diese Rosenlaube mir
Zum Paradiese mache!

Trauerlied

Kühles Grab, o nähmest du
Mich in deine stille Ruh!
Denn die Liebevolle, Reine,
Ließ mich auf der Welt alleine.
Kühles Grab, o nähmest du
Mich in deine stille Ruh.

Ach, ich sehe ringsumher;
Aber sie ist nirgends mehr!
Jedes Plätzchen dieser Wiese
Mahnet deiner mich, Elise!
Ach, ich sehe ringsumher;
Aber sie ist nirgends mehr!

Engel!, hier am Blumenrain
Saßen wir so oft allein;
Konnten nichts vor Freuden sagen,
Nur die Augen niederschlagen.
Engel!, hier am Blumenrain
Saßen wir so oft allein.

Unser ganzes Hab und Gut
War ein keuscher, froher Mut.
Diese kleine Blumenwiese
Schufst du mir zum Paradiese.
Aber, ach!, ein Paradies,
Wo mein Engel mich verließ!

Jünglingswahl

Wer immer nur von Liebe spricht,
Den, meine Seele, wähle nicht!
Die Lieb aus reinem Herzensgrund
Tut selten sich durch Worte kund.

Wer immer meine Reize preist,
Den Jüngling wähle nicht, mein Geist!
Wer sie im Stillen schweigend ehrt,
Nur der ist meines Herzens wert.

Wer immer scherzt und immer lacht,
Der fühlte nie der Liebe Macht.
Im immerlachenden Gesicht
Wohnst du, geliebte Liebe, nicht!

Du zeigest deine sanfte Spur
In schmachtenden Gebärden nur;
Du wohnst im duldenden Gesicht,
Das mehr als alle Sprache spricht.

An einen frischgepflanzten Rosenstrauch

Alle holde Frühlingsgötter
Segnen dich, o Rosenstrauch!
Treibe schöne, frische Blätter,
Aber trage Blümchen auch!

Dass, wenn mir im nächsten Lenzen
Meine Daphne milder wird,
Sie mit frischen Rosenkränzen
Meine blonde Locken ziert.

Wenn sie grausam bleibt, dann pflücke
Damon deine Blümchen ab
Und beklage mich und schmücke
Mit den Erstlingen mein Grab!

An Friedrich Leopold Graf zu Stolberg

Fern von ihrem Daphnis weidet
Daphne durch den Buchenhain,
Und mit süßer Mühe schneidet
Sie im schönsten Baum des Waldes
Ihres Schäfers Namen ein.

Heilig ist er ihm vor allen;
Morgens früh und abends spät
Lässt er Lieder ihm erschallen;
Froher schlägt sein junger Busen,
Wenn sein Laub ihm Kühlung weht.

Schreibe den Gesang voll Feuer
Mir, o bester Stolberg, ein!
Ewig soll das Blatt mir teuer,
Heilig, wie der Baum dem Schäfer,
Soll es meinem Herzen sein!

Dass das beste Paar der Brüder
Mich in seine Liebe schließt,
Sollen meine späten Lieder
Noch dem Donaustrand erzählen,
Wenn die Trennungszähre fließt.

An Lieschen
Ein Bauernlied

Liebes Lieschen, lass mich doch
Nur ein wenig klagen!
Eile nicht, ich habe noch
Vieles dir zu sagen.

Seit der Ernte bin ich dir
Täglich nachgeschlichen;
Aber listig bist du mir
Immer ausgewichen.

Sieh, ich bin dir gut, und du
Hältst mich immer schlechter;
Ja, ich werde noch dazu
Allen zum Gelächter.

Weißt du noch? Am Erntetanz
Sprangest du so munter,
Und da fiel der Blumenkranz
Dir vom Kopf herunter.

Husch!, da griff ich eilends zu,
Dachte voll Entzücken,
Für die Mühe würdest du
Dankbarlich mir nicken.

Losgegangen war ein Band,
Das ergriff ich sachte,
Bis ichs mit der einen Hand
In die Ficke brachte.

Holla!, dacht ich, meinem Hut
Soll das trefflich stehen;

Doch du hattest gar zu gut,
Was ich tat, gesehen.

»Das ist schön!«, so fingst du an,
»Willst du mich bestehlen?
Seht den feinen Dieb! Er kann
Seinen Raub nicht hehlen.«

Feuerrot ward mein Gesicht;
Wie vom Blitz geschlagen
Stund ich da und konnte nicht
Eine Silbe sagen.

Aller Bauern stellten sich
Um mich her und machten
Mich zu Schanden, nannten mich
Einen Dieb und lachten.

Lieschen, sieh, das war nicht fein,
Meiner so zu lachen
Und mich vor dem ganzen Reihn
Zum Gespött zu machen.

Sage, hast du denn so gar
Große Lust empfunden,
Als die Zähren hell und klar
Mir im Auge stunden?

Sieh, ich bin dir doch so gut!
Sei mirs auch ein bisschen!
Mehr noch als mein eigen Blut
Lieb ich dich, mein Lieschen!

Einladung zur Freude
An die Stadtmädchen

Noch blüht, uns zu bekränzen,
Die jugendliche Flur;
Noch locken uns zu Tänzen
Die Sänger der Natur;
Noch rieselt uns gelinde
Der kleine Schmerlenbach,
Und die belaubte Linde
Wölbt uns ein Schattendach.

Da findet sich am Feste
Beim Klange der Schalmein
Im Schatten ihrer Äste
Des Dörfchens Jugend ein;
Sie tanzen, bis ins Trübe
Die Abendröte sinkt
Und blass wie bange Liebe
Der Mond am Himmel blinkt.

Wohlauf, ihr Städterinnen!
Lasst mit der frohen Schar
Uns einen Tanz beginnen!
Pflückt Blumen euch ins Haar
Und ziert mit Rosenbändern
Das weiße Schäferkleid!
Denn bald wird sich verändern
Die holde Maienzeit.

Bald locket uns zur Linde
Kein kühler Schatten mehr;
Bald streifen raue Winde
Die Zweige blätterleer;

Die Blümchen, ach, versinken
Bald unter Reif und Schnee
Und Perlentropfen blinken
Nicht mehr am frischen Klee.

Dann eilt nicht mehr mit Kränzen
Von Bur und Rosmarin
Zu frohen deutschen Tänzen
Des Dörfchens Jugend hin.
Auf ihre Hütte stürmet
Der raue Nord herein,
Und Schneegestöber türmet
Sich auf dem Blumenrain.

Kommt, weil auf euren Wangen
Noch in Aurorens Pracht
Voll Anmut aufgegangen
Der Jugend Blume lacht!
Rot wie der junge Morgen
Ist euer Angesicht
Und kennt des Alters Sorgen
Und seine Runzeln nicht.

Doch, holde Städterinnen,
Der Frühling eilt dahin;
Der Sommer wird beginnen
Und vor dem Herbst entfliehn;
Sein kalter Odem scheuchet
Die Freuden weg, und, ach!,
Mit schweren Schritten keuchet
Der alte Winter nach.

Dann seufzen wir vergebens
Uns jeden Augenblick
Des ungenossnen Lebens
Mit bangem Ach zurück.

Drum kommt, o kommt, und weihet
Euch jetzt der Fröhlichkeit!
Und dann im Winter freuet
Euch der genossnen Zeit!

Nach erhörter Einladung

O Tag, dein Angedenken soll
Mein Herz auf ewig ehren!
Wie du, so schön und freudenvoll,
Wird keiner wiederkehren.

Wir flohen des Geräusches satt,
Das uns so lang umlärmet,
Die düstre, freudenleere Stadt,
Wo Sorg und Unmut schwärmet;

Und mischten uns im Blumenkranz
In eines Dörfchens Reihen,
Uns bei dem ungelernten Tanz
Den Abend durchzufreuen.

Da sprangen wir so sorgenfrei
Im Kreis der Dörferinnen
Zum Ton der fröhlichen Schalmei
Mit unsern Städterinnen.

Der Zwang, ein Feind der Fröhlichkeit,
Ward in die Stadt verwiesen,
Und uns empfing die goldne Zeit,
Die Gessners Lied gepriesen.

O würd auch meine Daphne hier
Sich ihren Wohnplatz wählen!
Dann, Freunde, sagt, was könnte mir
Zum Paradiese fehlen?

O Dörfchen, könntest du dies Glück
Mir jeden Tag gewähren!
Dann würd ich nimmermehr zurück
Ins Stadtgetümmel kehren.

An Daphnen, an ihrem Geburtstage

O vergib, vergib der Träne,
Die an diesem Tage fließt,
Da in himmelreiner Schöne
Du die Welt zuerst begrüßt!

Engelmelodien klangen:
Sei die Freude deiner Welt!
Aber, ach!, indem sie sangen,
Ward mein Leidenslos gefällt!

Sei gesegnet!, dieses sage
Dir mein weinendes Gesicht
Und die leise Seufzerklage,
Die aus meinem Herzen bricht!

Ach, die Seufzer stammeln schwächer!
Bald ist das Geschick erweicht,
Und des Todes bittrer Becher
Wird mir bald, ach bald!, gereicht.

Lass, mein Scheiden zu versüßen,
Eine Mitleidsträne mir
In den Todesbecher fließen,
Und mein Röcheln danke dir!

An Daphnen

Schön wie die junge Rose blüht,
O Daphne, dein Gesicht;
Allein der Liebe Feuer glüht
In deinem Auge nicht.

O gäb auch einst der Himmel dir
Die Liebe noch dazu,
Kein irdisch Mädchen gliche dir;
Ein Engel wärest du.

Ach, aber – bange Ahndung! – nie
Wird dieser Wunsch erhört!
Und diese Welt, o wäre sie
Wohl eines Engels wert?

Wilhelm und Lieschen
Eine Bauernidylle

L. Willst du, Wilhelm, so setzen wir
uns hier am Abhang unter den Ho-
lunderbaum? Ich rieche seine Blüte so
gern; du doch auch?

W. Ja, Lieschen, was du gerne hast, das hab ich auch; das weißt du ja.

L. Aber sag mir, warum grüßtest du mich heute nicht, als ich aufs Feld ging?

W. Weil mein Vater aus dem Fenster sah. Du weißt ja, wie er ist.

L. Das ist traurig, dass er das nicht leiden kann, wenn wir einander gut sind! Ja, ich weiß schon, wenn ich reicher wäre und sechs oder …

W. Lass uns doch von etwas anderm reden, Lieschen! Du bist doch mein! Es mag kosten, was es will!

L. Guter Wilhelm! – Sieh, was ist am Himmel dort so hell? Dort, überm Fichtenwald hin?

W. Der Mond, denk ich, wird bald aufgehn.

L. Ja, wahrhaftig! Sieh, da kömmt er schon und ist so freundlich! Sei doch auch freundlich, lieber Wilhelm!

W. Bin ichs nicht, Lieschen? – Küss mich doch einmal!

L. Ei, da glänzt er dir im Aug, der Mond! Was das so schön ist!

W. Auch in deinem glänzt er, liebes
Lieschen, wenn du seitwärts siehst. –
Aber deines ist so hell; ich denke gar,
du weinest?

L. Ja, lieber Wilhelm! Es ist mir so
schwer ums Herz! – Horch! Was geht
da unten?

W. St! Es ist mein Vater! Komm, lass
uns schnell ins Gebüsch!

Der Abend
An Elisen

Mit den Abendwolken eilet
Meine Seele hin zu dir,
Findet einsam dich und teilet
Sorgsam jeden Gram mit dir.

Wie der Tau aus Wolken quillet
Deine Träne still hervor;
Und dein helles Auge hüllet
Sich in dunkeln Trauerflor.

Denn der Sonnenschein des Lebens
Schwand auf ewig unserm Blick;
Ach, das Auge sehnt vergebens
Ihn vom Abendrot zurück!

Die ihr ehmals uns verbandet,
Stunden erster Zärtlichkeit!
Schnell mit jeder Spur verschwandet
Ihr ins Meer der Ewigkeit.

Ach, Elise, schöner kehret
Bald zurück der Sonne Pracht;
Aber ewig, ewig währet
Unsrer Trennung bange Nacht!

Freuden sahen wir entsprießen,
Die uns fromme Liebe gab;
Aber, eh sie reiften, rissen
Menschen neidisch sie herab.

Und du weinst! Und meinem Herzen
Ist auch dieser Trost versagt,
Dass, gestimmt zu gleichen Schmerzen,
Es in deinen Jammer klagt!

Huldigung

Tugend und Religion,
Euch, ihr Erstgebornen Gottes,
Weih ich meines Liedes Ton,
Trotz des niedern Afterspottes!
Dir, mein deutsches Vaterland,
Müsse dieser Busen glühen;
Und mein Lied, von dir entbrannt,
Deutsche Seelen dir erziehen!

O, was gleicht der Wonne sich,
In des Liedes süßen Weisen
Gott und Vaterland und dich,
O Religion!, zu preisen!
Einen Freund voll Edelmut
Sich durch Lieder zu erringen
Und der Tugend sanfte Glut
In der Freundin Herz zu singen!

Mag mich dann, der Welt verkannt,
Eine stille Flur verstecken
Und, dem Wandrer ungenannt,
Mich ein niedrer Hügel decken!
Wohl mir, wenn nur auf mein Lied
Eine Mädchenzähre fließet
Und der Jüngling, drob entglüht,
Sich zum Tugenddienst entschließet!

Hannchen an Wilhelm

Ach, trüb ist mirs, im Herzen trüb,
Ich möchte nur erblassen!
Mein Wilhelm, der mir war so lieb,
Dem ich so treu ergeben blieb,
Hat treulos mich verlassen.

Ha, falscher Wilhelm!, spottest mein
In deines Liebchens Armen!
Ach, spottest meiner herben Pein!
Doch, wisse nur, Gott wird sich mein
Am jüngsten Tag erbarmen.

Sag an, was konnte deinen Mut,
Was konnt ihn so berücken?
Ach, warest sonst so fromm und gut!
Kein Äderchen von falschem Blut
War an dir zu erblicken.

Denk, wie du mir mit hohem Schwur
Die Ehe hast versprochen!
Ach, armer Wilhelm, denke nur,
Gott lässt ja keinen falschen Schwur
Auf Erden ungerochen!

Eil nur in deinem falschen Sinn
Und spotte meiner Klagen!
Eil nur zum Brautaltare hin!
Eh du die Hochzeit wirst vollziehn,
Wird man ins Grab mich tragen.

Ach, Wilhelm, Wilhelm, denke dran!
Du wirst es noch beweinen!
Du bist ein ehrvergessner Mann!
Ach, Wilhelm, Wilhelm, denke dran!
Mein Geist wird dir erscheinen!

Lobgesang eines Mädchens
Am Klavier

Erschallt in hohem Jubelklang,
Ihr meines Spieles Saiten!,
Um himmelan den warmen Dank
Des Herzens zu begleiten!

Denn meine Seele hat den Freund,
Den sie in stillen Stunden
Vom Himmel oft herabgeweint,
In Agathon gefunden.

O lass mich, Gott, so betet ich,
In meiner Wahl nicht fehlen!
Lass nicht nach Eigendünkel mich
Und äußerm Scheine wählen!

Erkiese selber mir den Mann,
Der, ganz für mich geboren,
Niemals dem Laster untertan,
Sich Tugend nur erkoren!

Ich sah ihn! – Nicht durch Buhlerscherz
Und schmeichlerische Mienen,
Durch Tugend sucht' er nur mein Herz,
Und Taten, zu verdienen.

Die ganze Seel im Auge goss
Der meinen sich entgegen;
Und eine sanfte Träne floss,
Mich schweigend zu bewegen.

O, darum schall empor, mein Dank,
Zu Gott, der ihn mir schenkte!,
Zu Gott empor, mein Lobgesang,
Der meine Seele lenkte!

Und ewig müss' in Dankgefühl
Sich unser Herz ergießen!
Und sanft wie dieses Saitenspiel
Das Leben uns verfließen!

Lied einer Nonne
Im Frühling

Trocknet, milde Frühlingslüfte,
Meine vielen Tränen auf!
Send, o Abend, deine Düfte
Zu der Zelle mir herauf! –
Aber Philomele stimmet
Wieder mich zum Klageton;
Und in frischen Zähren schwimmet
Mein erloschnes Auge schon.

Dank dir, liebe Philomele,
Dass du in mein Leiden weinst;
Dass mit einer guten Seele
Du zu Klagen dich vereinst!
Menschen, die mich schlau betrogen,
Kennen kein Erbarmen mehr!
Augen, die mir Liebe logen,
Sind von Mitleidstränen leer!

Aber Lieb und Mitleid füllet,
Guter Mond am Himmel, dich!
Meinem Auge gleich verhüllet
Deines in den Schleier sich.
Um die bleiche Wange wallen
Weinende Gewölke nur;
Und in Perlentropfen fallen
Tränen auf die Blumenflur.

Rosen schließen, ungesehen,
Sich im Klostergarten auf;
Warme Frühlingswinde wehen
Ihren Wohlgeruch herauf.
Unbeklagt wie ihr verfärbet
Sich, ihr Rosen, mein Gesicht.
Liebe Rosen, warum sterbet
Ihr auf meinem Grabe nicht?

An die Frau Hofrat L*

Die Stunde segn' ich für und für,
Dich mich so selig machte
Und mich an Engelshand zu dir,
O fromme Seele, brachte!

Am Grabe müsse noch ihr Bild
Einst tröstend mich unschweben
Und, wenn mich Todesschrecken füllt,
Mir Mut zu sterben geben!

Des Christen hoher Siegeslohn,
Des Himmels ganzer Segen,
Schien mir aus deinem Auge schon
In mildem Glanz entgegen.
Du lehrtest Paradiese mich
Hienieden schon verbreiten,
Um einst in jenem bessern dich
Als Engel zu begleiten.

Trüb ist dies Leben! Bittrer Hohn
Vergilt des Weisen Mühen;
Verkannte Tugend muss zum Lohn
In fremde Hütten fliehen;
Vor tausend Türen weint die Not,
Sie klagt aus tausend Armen;
Die nackte Waise fleht um Brot,
Und winselt um Erbarmen.

Du aber wie ein Engel eilst
Dem Weinenden entgegen;
Mit jedem armen Bruder teilst
Du milde deinen Segen.
Die matte Waise fühlet sich
Durch deine Hand erfrischet,
Und jede Träne wird durch dich
Vom Auge weggewischet.

O, solch ein Leben ist zu schön,
Es Klagen nur zu weihen!
Ich hab, o Fromme, dich gesehn,
Und will wie du mich freuen.

Dein Beispiel leite mich zurück,
Wenn ich vom Pfade wanke,
Bis ich dir jedes Himmelsglück,
Dir jeden Sieg verdanke!

Der deutsche Jüngling, an sich selbst

Ermanne dich, mein Geist, sei frei!
Und brich das Sklavenjoch entzwei,
Das deutschen Nacken schändet!
Nicht deutsch ist sie, nicht deiner wert,
Die Herzensliebe wimmern hört
Und sich zu Buhlen wendet!

Sei deutsch, mein Geist! – O Vaterland,
Ich habe lange dich verkannt
Und Männerruhms entbehret.
Zu ihren Füßen warf ich mich!
Ein Deutscher, ach, ein Deutscher ich!
Entehret, ach, entehret!

Vergib mir! O mein Herz und Sinn
Und alles, was ich hab und bin,
Sei künftig dir geweihet!
Dein sei mein ganzes Hab und Gut!
Dir fließe jeder Tropfen Blut,
Wenn Feindesmacht dir dräuet!

Dein sei mein Lied! Und all mein Lohn,
Dass Enkel noch, und Enkelsohn
Mein stilles Grab umringe
Und, wann sein Mund dir Treue schwört,
Ein deutsches Lied, von mir gelehrt,
Zu deinem Ruhm erklinge!

Erinnerung an einen Jüngling

Du, der sittsamste von allen,
Die mein Auge je gesehn!
O, wie hast du mir gefallen!
Jüngling, ach, wie bist du schön!

Deine sanfte Seele malte
Sich im ganzen Angesicht;
Solche warme Blicke strahlte
Mir ins Herz kein Auge nicht.

Als du sittsam mir dich nahtest,
Sah ich deine Wange glühn;
Als du mich zum Tanze batest,
Blicktest du zur Erde hin.

Als du meine Hand berührtest,
Zitterte die deine dir;
Als du mich zum Reihen führtest,
Zitterte der Busen mir!

Jüngling, merktest du sein Beben?
Sahst das Irren meines Blicks?
Ach, in meinem ganzen Leben
Denk ich dieses Augenblicks!

Nonnenlied

Hinweg, o Bild! Entweihe nicht
Die gottgeweihte Stelle!
Hinweg aus meinem Angesicht!
Entfleuch aus dieser Zelle!

Ach, Jesus Christus! Immerdar
Muss ichs vor Augen sehen!
Im Chor, am heiligen Altar
Seh ich ihn vor mir stehen!

Entfleuch um Gottes willen doch!
Ich darf dich ja nicht lieben!
Wie kannst du meine Seele noch,
O Wilhelm, so betrüben?

Ach, Jesus! Sieh, wie blass und bleich
Es hier vorüberwallte!
Wie dumpfen Sterbestimmen gleich
Es mir entgegenhallte!

Hilf, Mutter Gottes, hilf du mir!
Sonst ist mein Herz verloren!
Ich hab, ihn zu vergessen, dir,
Ich hab es dir geschworen!

An Daphnens Klavier

Wenn der lauten Stadt Getümmel
Nun allmählich leiser hallt
Und vom rotbeströmten Himmel
Dämmerung herniederwallt;
Dann, o silbernes Klavier,
Wandelt Daphnen hin zu dir.

Heiter, auch von Nacht umgeben,
Schwingt sich ihre Seel empor;
Engelreine Taten schweben

Ihr in goldnen Bildern vor.
Ruhig ist ihr Aug und lacht
Wie der Mond aus stiller Nacht.

Und ein Strom von Harmonien,
Ihres Lebens Widerhall,
Geußt in süßen Melodien
Sich in deinen Silberschall;
Ihre ganze Seele glüht,
Und sie singt ein deutsches Lied.

O des neideswerten Lohnes,
Ihre Seele zu erfreun!
Schöpfer ihres Silbertones,
Ihrer Seligkeit zu sein!
Himmel!, Himmel!, o Klavier!
Ach, sie singt ein Lied von mir!

Lied eines Gefangenen

Hier lieg ich! Und der Bube ruht
In seiner Huren Arm!
Und trinkt sich in der Traube Blut
Zu neuen Lüsten warm!

Klirr, Fessel, nur! Du klagest nicht
Vor meinem Gott mich an!
Nicht Donner werden am Gericht
Mich rächerisch empfahn!

Von euch, ihr Leidenden, gesandt,
Trotzt ich des Fürsten Wut;
Sprach kühn für dich, o Vaterland,
Und für der Unschuld Blut.

Ihr, Waisenseufzer, schallet ihm
Wie Donnerton ins Ohr;
Da schwoll in wildem Ungestüm
Sein niedres Herz empor.

Ha! Fessel, du der Wahrheit Lohn,
Hier kettest du mich an,
Wo hundert freie Männer schon
Dem Schwert entgegensahn.

O Geister der Erwürgten, eilt
Aus eurer Gruft empor!
Umringt sein Schwanenlager, heult
Ihm eure Flüche vor!

Vielleicht, dass aufgeschröckt sein Geist
Die Warnungsflüche hört;
Dem Lasterpfuhle sich entreißt;
Zurück zur Menschheit kehrt. –

Hinab! Im blutgen Kleid erwacht
Das düstre Morgenrot,
Vollendet meine letzte Nacht
Und weissagt meinen Tod.

O leite du, Religion,
Mich an den Würgaltar!
Da reicht mir deine Tochter schon,
Die Freiheit, Palmen dar!

Lied eines Mädchens

Lieber Mond, du scheinest wieder
In mein stilles Tal hernieder;
    Aber, ach!, mein Auge weint
    Um den fernen Herzensfreund!

Schwermutsvoller wallt und trüber
Mir die Stunde jetzt vorüber,
    Da er hier mich einst entzückt
    An sein klopfend Herz gedrückt.

Unter welchen Seligkeiten
Sah ich dich vorübergleiten!
    Holder lachte dein Gesicht
    Keinem Mädchenauge nicht!

Leiser lispelten die Lüfte;
Süßer düfteten die Düfte;
    Heller funkelte der Tau
    Auf den Blumen dieser Au.

Aber, ach!, hinweggeschwunden
Sind die seligsten der Stunden!
    Ach, im fernen Tale weint
    Meinethalb der süße Freund!

Ach! Er weint und denkt der Stunden,
Die mit mir ihm hingeschwunden!
    Doch, o Herz, gedulde dich!
    Deinethalben härmt er sich!

Die Laube

Laube, wie so friedlich saßen
Wir in deiner Finsternis!
Ferne von der Welt vergaßen
Wir der Lebenskümmernis;
Unsrer Jugend Freuden standen
Wiederum vor unserm Blick;
Und zum zweiten Mal empfanden
Wir ihr hingeschwundnes Glück.

Hesper sah vom Himmel nieder
Aus verdünnter Wolken Flor.
Ach, so sah die Freude wieder,
O mein Hahn!, aus dir hervor.
Deines Closen Seele mischte
Schweigend mit der meinen sich,
Und, wie Abendluft, erfrischte
Seiner Liebe Lispel mich.

Alle Wünsche dieser Zeiten
Gaben wir um *einen* hin:
Immer so der Seligkeiten
Süßen Taumel einzuziehn;
Mit vereintem Wanderstabe
So durchs Leben hinzugehn,
Und dereinst auf einem Grabe
Unser Wallerziel zu sehn!

Aber, ach!, in banger Trauer
Ging vorbei der Trennungstag;
Lange sah in starrem Schauer
Ihm mein trübes Auge nach.

Ach, ich sahs, mein Hahn, er winkte
Dreimal dir; du sahest ihn;
Und aus deinem Auge blinkte
Eine Zähre nach ihm hin.

Closen! Ach, in Kurzem sehnen
Wir uns nach dem fernen Freund;
Einsam irrt er, unter Tränen,
Wo kein Auge mit ihm weint.
Und auch ich! Hinweggerissen
Werd ich an der Donau Strand
Deiner Liebe Lächeln missen,
Das mit dir mein Herz verband!

Aber – o, ein blasser Schimmer,
Der aus trüben Nächten bricht!
Ewig einsam, traurig immer
Wandl' ich am Gestade nicht.
Liebe wird auf ihren Schwingen
Bald das treuste Freundespaar
Dieser Brust entgegenbringen,
Die so lang in Trauer war.

Kommt! Ich pflanz, euch zu empfangen,
Eine Laub ans Ufer hin;
Wenn der Winter ist vergangen,
Soll sie euch entgegenblühn!
Aber – Ahndung! – Ach, im Staube
Werd ich ewig einsam sein,
Bis wir einst in Gottes Laube
Uns im Paradiese freun!

Die Laube
An Hahn und Closen

Auch hier ist keine Freude mehr,
Wo sie uns jüngst umspielte!
Tot ist die Laub und schattenleer,
Die diesen Lenz uns kühlte.

Ach, Hahn, ach, Closen, hier umgab
Uns Gottes Wohlgefallen;
Dort sah der Abendstern herab,
Wo nun Gewölke wallen.

Hier lispelte das Lindenlaub
Vertraut in unsre Lieder;
Nun sinkt es, rauer Stürme Raub,
Verdorrt am Stamme nieder.

Ach, Jugend! Freundschaft! Alles Glück
Eilt mit der Zeit von hinnen!
Auf!, lasst uns jeden Augenblick
Ihr geizig abgewinnen!

An
Lauren im Kloster

O du, die, mir entrissen
Durch Wahn und Grausamkeit,
In öden Finsternissen
Sich nun dem Tode weiht!
Hier an der Klosterschwelle
Bewein ich, Laura, dich,

Und irr' um deine Zelle,
Und niemand höret mich.

O ihr – wenn noch mir Armen
Sich Gottes Engel nahn; –
So zeiget aus Erbarmen
Ihr meinen Jammer an!
Dass ihrer Andacht Feuer
Mir Linderung erfleh
Und meine Seele freier
Durchs Tal der Leiden geh!

Von schwärzrer Nacht umgeben
Als diese Mitternacht
Durchirrt mein Fuß das Leben,
Das du einst hell gemacht.
Im Hain, wo liebetrunken
Dein Mund mir Küsse gab,
Wank ich, in Harm versunken,
Und suche stumm mein Grab.

Wenn in des Chores Hallen
Mich oft Verzweiflung führt
Und vor den Stimmen allen
Mich deine Stimme rührt;
Dann deucht mirs, dass vom Himmel,
Wo Freude dich umwallt,
Dein Lied mir ins Getümmel
Verworfner Geister hallt.

Oft träum ich, wie der Riegel
Der Zelle schnell zerspringt
Und auf der Liebe Flügel
Dich mir ein Engel bringt.

Dein Schatten wallt hernieder;
Doch ich umarm ihn kaum,
So wach' und wein' ich wieder
Und fluche meinem Traum.

O Leben ohne Lauren,
Zur Pein mir zugedacht!
Wie lange wirst du dauren,
Du bange Fiebernacht?
Erweiche du, o Reine,
Den Richter, dass einmal
Durch Lieb er uns vereine,
Die er uns selbst befahl!

.

An Herrn Clauswitz,
*ehemaligen Hofmeister der Grafen zu Stolberg,
jetzt, soviel ich weiß, Sekretär bei der deutschen
Kanzlei in Kopenhagen*

Dass ein Gott im Himmel wohne,
Dass er Herzensfrömmigkeit
Schon im Land der Mühe lohne,
Sagt mir, edle, gute Seele,
Deines Herzens Heiterkeit.

Ruhig wie ein Maienmorgen
Lacht dein männliches Gesicht;
Und des Lebens Müh und Sorgen
Trüben, wann der Haufe zittert,
Deine sanfte Seele nicht.

Stürme mögen dich umwehen!
Ruhig wallst du deinen Pfad.
Gute Taten auszusäen
Hindert dich kein Sturm des Lebens;
Denn du kennst den Lohn der Saat.

Stets sei mir der Tag gesegnet,
Da auf Blumenpfaden ich
Deinem Freundesgruß begegnet!
Deiner Seele erstes Grüßen
War ein Engelsgruß für mich.

Möcht an deiner Hand ich immer
Auf der Bahn des Lebens gehn!
Deiner stillen Tugend Schimmer,
Wann sich Ungewitter wölken,
Immerdar mir leuchten sehn!

Aber Trennung naht, und weinen
Werd ich, Teurer, bald um dich;
Träumend wirst du mir erscheinen,
Träumend ich dein Bild umarmen;
Aber täuschen wird es mich.

Doch ich sterb und auferstehe;
Diese Dämmerungen flichn;
Sieh! Ein Morgen kömmt! Ich sehe
Dich als Engel, Freund!, und sinke
Jauchzend an die Brust dir hin.

Grablied

Schlaf, Schwester, sanft im Erdenschoß!
Du bist des bittern Jammers los.
All deine Tränen sahen wir
Und wünschten Grabesruhe dir.

Nun nahe sich der falsche Mann
Und seh die blassen Wangen an!
Und seh dies Herz, das ohne Trug
Ihm noch im Todeskampfe schlug!

Und jeder Falsche müss' es schaun
Und fühlen Seelenangst und Graun!
Und dieser Unschuld Lächeln sei
Erweckung ihm zur späten Reu!

Du aber ruh in deiner Gruft,
Bis dich der letzte Morgen ruft,
Bis sanft, von Tränen unentstellt,
Sich wieder dein Gesicht erhellt!

Indes, o Schwester, pflanzen wir
Aufs Grab hin Rosensträuche dir;
Und eilen, dulden wir wie du,
Mit Tränen ihrem Schatten zu.

Unter Daphnens Fenster gesungen

Heb aus deinem süßem Schlummer
Nur auf Augenblicke dich
Und vernimm der Liebe Kummer!
Liebe singt ein Lied durch mich.

Dringt ein Ton von meinen Leiden
In dein weiches Herz sich ein;
O so will ich wieder scheiden
Und mich süßer Hoffnung freun.

Sieh, der Mond am Himmel schauet
Schlummernde Beglückte nur;
Und vom Sternenhimmel tauet
Milder Segen auf die Flur.

Nur zu meinem Lager schwärmet
Nie ein süßer Traum herab.
Ach, um deinetwillen härmet
Sich mein armes Leben ab.

Schlummre, Mädchen, von den Sorgen
Dieses Lebens ungeschreckt,
Bis dich einst ein goldner Morgen
Zu der Liebe Leiden weckt!

An Daphnen

Ists Mitleid, Daphne, das aus deinen Blicken
Mir in die düstre Seele strahlt
Und Rosenrot und feuriges Entzücken
Mir auf die blassen Wangen malt?
Wie? Oder hat die Liebe deinen Zügen
Dies süße Lächeln eingedrückt,
Mit dem du, meinen Kummer zu besiegen,
Mich wie ein Engel angeblickt?

O, wenn nach solchen Leiden noch die Freude
Ein krankes Herz besuchen kann,
Dann zögre nicht, o Daphne!, lass uns beide
Cytherens Heiligtum uns nahn;
Und dieses Röschen opfern, das ermattet
Und sterbend sich in Staub gebückt,
Bis es sich wieder, von der Nacht umschattet,
Im kühlen Perlentau erquickt.

Das Grab

Ringsumher von Nacht umgeben,
Denk ich deiner, o mein Grab!
Sonder Angst und sonder Beben
Schau ich deine Kluft hinab.
Also hier, in dieser Stille,
Soll einst dies Gebein vergehn?
Hier soll dieses Geistes Hülle
Mit der Winde Hauch verwehn?

O erheb auf ihrem Flügel
Dich vom Staub empor, mein Geist!
Schwebe friedlich um den Hügel,
Den der Tugend Ruh umfleußt!
Keiner Witwe Flüche schallen,
Ihrem Jammer ausgepresst;
Keiner Waise Tränen fallen
Auf des Räubers Überrest.

Niedre Bubenränke kanntest
Du im Erdenleben nicht;
Tugend war dein Glück, du branntest
Nur für Vaterland und Pflicht.

Fehler, die sich dir entschlichen,
Sind durch Reuetränen schon,
Sind durch Jesu Blut erblichen,
Klagen nicht am Richterthron.

Aber eingeschleiert kommen
Keusche Mädchen an die Gruft;
Segenswünsche für den Frommen
Beben heilig durch die Luft.
Seelen, gut durch deine Lieder,
Bringen Blumenopfer dar;
Dankestränen fallen nieder,
Und der Hügel wird Altar.

Horch! Bekränzte Greise wallen
Durch den düstern Eibengang;
Hohe Harfenlieder schallen
Wie der Engel Lobgesang. –
Gott!, es ist die Schar der Brüder!
Ach, mein Herz!, zu viel, mein Herz!
Auf, und schwing in Tränen wieder
Dich vom Staube himmelwärts!

Lied einer Kostgängerin
an eine Nonne

Du wurdest Mutter mir, als ich
Die Teure sah erblassen;
Nun soll ich, ach, auf ewig dich
Und diesen Ort verlassen!

Aus einer Welt, wo Trug und Tand
Sein wildes Reich verbreitet,

Ward ich an eines Engels Hand
Zu dir hiehergeleitet.

Da lehrtest du mein Herz allein
Nach Jesu Liebe trachten
Und aller Erde goldnen Schein
Für eiteln Flitter achten.

O, wie so oft die Seele mir
In heißer Flamme glühte,
Wenn ich in stiller Nacht mit dir
Vor seinem Kreuze kniete!

Von Lieb und Inbrunst angefüllt
Vernahm ich deine Lehren
Und sah sich seiner Mutter Bild
Im deinigen verklären.

Es kam zu mir im Traum, es glich
An Milde deinen Mienen;
Wies auf ein Kreuz und warnte mich,
Nicht mehr der Welt zu dienen!

Und, ach!, ich soll die Warnung nicht
Der Hochgelobten hören;
Soll wider meinen Gott und Pflicht
Aus dieser Zelle kehren!

Soll in die Welt, auf deren Pfad
So leicht die Tugend gleitet,
Wo nicht dein Beispiel, nicht dein Rat
Mich als ein Engel leitet!

O bitte du für mich! Du bist
An ihn als Braut vermählet;

Bitt ihn, dass mein er nicht vergisst,
Wenn ihn mein Herz verfehlet!

Antwort der Nonne

Nimm alles, was ich habe, mit!
Nimm, Tochter, meinen Segen!
Dein Heiland leite jeden Schritt
Auf allen deinen Wegen!

Hier warst in stillem Frieden du
Von Gottes Arm beschirmet;
Nun eilest du dem Meere zu,
Wo wild das Laster stürmet.

Bald wirst du Trug auf Thronen sehn
Und Frevler an Altären;
Wirst Waisen vor Palästen flehn
Und Reiche spotten hören.

Da schämt man seines Gottes sich,
Schilt Aberglauben alles;
Verrottet wider Unschuld sich
Und freut sich ihres Falles.

O meine Tochter, denke mein!
Du wirst es auch erleben;
Ein Schwarm verbuhlter Schmeichelein
Wird summend dich umschweben.

Dich wird des Jünglings frecher Ton
Marien beigesellen,

Um sichrer vom erträumten Thron
Durch Schande dich zu fällen.

Ach fleuch! Ist deine Seele dir
Und dein Erlöser teuer!
Die Larve, Tochter, glaub es mir,
Verhüllt ein Ungeheuer.

Dass nicht am Thron der Majestät
Die Stunden dich verklagen,
Die wir in brünstigem Gebet
Vor Jesu Kreuze lagen!

Dass keine deiner Tränen sich
Zum Schwefelguss entflamme!
Dass kein verflogner Seufzer dich
Mit Donnerhall verdamme!

O bleib an stiller Tugend reich,
Die mehr als alles lohnet!
Sei deiner frommen Mutter gleich,
Die nun im Himmel wohnet!

Ich werde diese Hütte bald
Auf Gottes Wink verlassen;
Und sie in glänzender Gestalt
An seinem Thron umfassen.

Mach dich in jeder Stunde hier
Von Erdenschlacken reiner!
Und unter Freuden warten wir
Mit Siegespalmen deiner.

Abschiedslied
An Esmarch

Traurig sehen wir uns an,
Achten nicht des Weines!
Jeder schlägt die Augen nieder;
Und der hohen Freudenlieder
Schallet heute keines.

Nun, so soll ein Trauerlied
Dir, o Freund, erschallen!
Trinket jeder ihm zur Ehre,
Ach, und lasst der Trennung Zähre
In den Becher fallen!

Zeuch in fernes Land, und denk
Unsers Bunds hienieden!
Dort am Sternenhimmel, Bester!,
Knüpfet Ewigkeit ihn fester!
Leb indes im Frieden!

Edel warest du und treu,
Fromm und deutsches Herzens!
Bleib es, Lieber! Edeln Seelen
Kanns an Freuden nirgends fehlen!
Und vergiss des Schmerzens!

Heilig war uns mancher Tag,
Mancher Abend heilig!
Freundschaft gab uns alles Gutes,
Freundschaft macht' uns hohes Mutes!
Glück! Und schwandst so eilig!

Nun noch eins zu guter Letzt,
Unserm Freund zu Ehren!

Heute sind wir noch vereinet!
Morgen, wenn die Stund erscheinet,
Fließen unsre Zähren!

Auf die Genesung meines Vaters,
den ich für tot gehalten hatte

Dränge dich, mein Lied, vor allen
Zu des Hochgelobten Thron!
Lauter müssest du erschallen
Als noch je ein Dankeston!
Mit der Freude frommem Beben,
Gott!, mit Tränen dank ich dir;
Meines Vaters zweites Leben,
Meinen Vater gabst du mir!

Ach, du Teurer, als du littest,
Freut ich mich auf fremder Flur;
Als du mit dem Tode strittest,
Kannt ich Frühlingsfreuden nur;
Banger Ahndung Schauer schreckte
Mich in ihren Armen nicht,
Und aus schweren Träumen weckte
Mich kein deutendes Gesicht.

Aber, Gott!, wie Donner hallten
Todesstimmen schnell daher;
Bleiche, sterbende Gestalten
Schwebten fürchterlich umher.
Nirgends Frühling! Vögel schweigen;
Vater, ach, so schweigest du!
Blumen sinken; ach, sie neigen,
Vater, sich dem Grabe zu!

Beten? – Gott, ich kann nicht beten,
Hörst du nicht die Seufzer an!
Ach, ich kann, ich kann nicht beten,
Und er ist der beste Mann! –
Wochen schwinden! Immer trüber,
Immer schwärzer um mich her!
Vater!, ach, es ist vorüber!
Ach, du leidest wohl nicht mehr?

Fern von deinem frühen Grabe
Wein ich tausend Tränen dir!
Vater!, unsre beste Gabe,
Tränen, gab der Himmel mir.
Schwester, weinest du? Vergieße
Sie auf unsers Vaters Grab,
Diese Tränen!, ach, es fließe
Eine mit für mich herab! –

Gott! Er lebt! Er lebt!, da wallen
Friedensboten her zu mir!
Laute Jubeltöne schallen!
Gott, ich dank, ich dank ihn dir!
Sterben soll er nicht! Soll leben!
Leben! scholls von dir herab!
Gott, wie soll ich dich erheben,
Dich, der mir ihn wiedergab!

Gebet einer Sünderin
in einem Magdalenenkloster

Ich diesen Schleier? Durft ich ihn
Mir umzuhüllen wagen?
Darf eine freche Sünderin
Dies Bild der Unschuld tragen?

O Gott! Noch immer wütet hier
Im Innersten die Hölle!
Noch folgt der Sünde Schrecken mir
Bis tief in diese Zelle!

So manche trübe Nächte flohn
Mit meiner Qual belastet;
So manche Tage schwanden schon,
Mit Tränen durchgefastet!

Und keine Gnad! O lass einmal,
Erbarmer, dich erflehen!
Lass einmal einen Freudenstrahl
Mich Arme wiedersehen!

Hat doch, o Magdalena, dich
Dein Heiland angenommen!
Und keine Rettung soll für mich,
Ach, ewig keine kommen?

Der Liebesbund

Bester Jüngling, meinst dus ehrlich,
O so bin ich deine Braut.
Aber, Himmel!, wie gefährlich,
Wenn auf Jünglingswort man baut!
Bis ihr unser Ja erlauschet,
Seid ihr alle fromm und gut;
Aber dann, ach dann!, vertauschet
Ihr den sanften Lämmermut.

Leben, Ehre, Glück und Habe
Trau ich deinen Händen an,
Bin, von nun an, bis zum Grabe,
Dir mit Liebe zugetan,
Lass in ihren alten Tagen
Meine fromme Mutter hier;
Freud und Leid mit dir zu tragen,
Folg ich, bester Jüngling, dir.

O, du kannst mich nicht berücken;
Oder Tugend wäre Tand,
Und dies Herz in deinen Blicken
Trög im himmlischen Gewand!
Ja, ich glaube diesem Schweigen,
Diesen Tränen, diesem Blick,
Erd und Himmel sollen zeugen,
Weich ich je von dir zurück!

1774

An der Quelle, die Weende
bei Göttingen

An dieser lieben Stelle
Sang dir, o Silberquelle,
Mein Stolberg einst ein Lied;
Getröstet sah er nieder,
Und Ruhe kam ihm wieder
Ins traurende Gemüt.

Ach Gott, der frohen Tage!
Nun rauschest du die Klage
Der Trennung mir ins Herz!
Lass mich mit diesen Zähren
Dein Silberwasser mehren
Und wein in meinen Schmerz!

An die Grafen
Christian und Friedrich Leopold
zu Stolberg

Du süße Himmelshoffnung, fleuch,
Mit allen Wonneszenen!
Ihr Freudentränen, wandelt euch
In bittre Trauertränen!
Ihr Edeln, blicket eurem Freund
Voll Hoffnung nicht entgegen!
Er wendet einsam sich und weint
Auf freudelosen Wegen.

Ach Gott!, auf der verlassnen Bahn
Von keinem Freund beschirmet,
Nimm du dich eines Jünglings an,
Den wilder Gram umstürmet!
Hilf meines Jammers Schwere mir,
Du Gott der Liebe, tragen!
Ihr Engel Gottes, stillet ihr,
Durch Mitleid, meine Klagen!

Die Nacht ist dunkel. Ach, sie schloss
Den Tag der Freudenlieder;
Auf seinem Morgenschimmer floss
Der Hoffnung Strahl hernieder.
In heller Ferne ließ er euch,
Ihr Edeln, mich erblicken;
Mich schon, in süßer Täuschung, euch
An meinen Busen drücken.

O weint! Die Abendsonne wich
Im Wetterschwall von dannen!
Erzürnte Stürm' erhuben sich,
Von euch mich wegzubannen.
O Nacht! Erhelle dich, o Nacht,
Den Hügel mir zu zeigen,
Wo bald, von Engeln angelacht,
Des Lebens Tränen schweigen!

Die Verzweiflung

Ah, trügerisches Herz, wie leer,
Wie leer von aller Freude!
Und welche Bilder wallen her
Im blutbefleckten Kleide!

Ihr Stunden, die im Taumel ihr
Des Lasters hingeflossen,
Was kommt ihr, mit der Reue, mir
Den Dolch ins Herz zu stoßen?

Ach Gott! Der Nebel wallt dahin,
Der meinen Blick umzogen;
Die lachenden Gestalten fliehn,
Die lange mich betrogen! –
Hier Abgrund! Unten Meeresflut,
Mich ewig einzuschließen;
Und, ach, im Herzen Höllenglut,
Und folterndes Gewissen!

O Gott! Lass einmal noch zurück
Mich nach Elmiren sehen!
Lass diesen tränenlosen Blick
Erbarmung mir erflehen! –
Du Treue!, wie so totenbleich
Du dort im Kummer schweigest;
Und, halb versengten Rosen gleich,
Dich nach dem Grabe neigest!

O, weine nicht! Verfluch ihn laut,
Den Mann, der dich betrogen,
Der aus den Armen seiner Braut
Zur Metze hingeflogen!
Verfluch ihn, dass er fürchterlich
Im Todesschweiß dich höre;
Dass siebenfach sein Schrecken sich
Im Todeskampfe mehre!

Gott!, wie sie weint! Wie Lieb aus ihr
In hellen Zähren blinket!
Wie noch mit bleichen Händen mir
Die Allzutreue winket!

Zu viel! Du kennst den Bösewicht,
Der kein Erbarmen suchte,
Du kennst den falschen Buben nicht,
Der selber sich verfluchte!

Ist eine Träne dies, die sich
Aus meinem Auge schleichet?
Hat eines Engels Zähre dich,
Du Schröcklicher, erweichet?
Ach, wär es! Aber Rache hallt
Aus neuen Donnerwettern.
Die werden – ach, Erbarmen! – bald
Den Bösewicht zerschmettern!

Die Geliebte

Noch irr' ich einsam, ohne Gefährtin noch
Durchs trübe Leben; weine noch ungeteilt
   Der Freude Tränen und des Kummers
      In der vertraulichen Abenddämmrung.

Zwar oft, in Stunden heller Begeisterung,
Stieg eine Bildung nieder und lächelte;
   Voll Sehnsucht seufzt ich: Komm, Erwählte!
      Aber in Schatten zerfloss die Täuschung.

Umsonst, o Daphne, führte die Liebe dich
Entgegen mir, umgaukelt von Hoffnungen;
   Ein Wink des Schöpfers!, und sie stürzten
      Tief in der ewigen Trennung Abgrund!

Dass du es heiltest, flehte mein wundes Herz
Dir oft, Elise!, weinte dir schweigend nach;
    Mitleidig sahst du mich und bebtest,
        Ach, in den Arm des geliebtern Jünglings! –

Unsichtbar schwebt um jegliche Seel als Freund
Ein Engel Gottes, bildet der Tugend sie,
    Folgt ihr bis an die Nacht des Grabes,
        Winkt ihr und schwingt sich mit ihr zu Gott auf.

Doch welchem Jüngling höhere Seligkeit
Schon hier Jehovas lohnende Schale wog,
    Dem eilt aus Edens Flur ein Engel
        Sichtbar in Mädchengestalt entgegen.

Und jeder Wonne schließt sich sein Busen auf;
In Frühlingsauen wandelt die Schöpfung sich;
    Leicht wird ihm jede Pflicht, und heller
        Winket dem Waller die Siegespalme.

Lass laute Stürme toben! Ihr schweigen sie.
Lass bange Tränen rinnen! Sie küsst sie auf.
    Und, öffnet sich das Grab, so folgt ihm
        Bald der geliebte, getreue Geist nach. –

O Gott! Wenn reines Herzens ich bin vor dir;
Wenn wert ich dieser himmlischen Freundin bin;
    So sende sie aus Edens Fluren,
        Dass ich mit ihr dir entgegenwandle!

Das Tal bei Münden
an der Weser

Ich kenn ein liebes, holdes Tal,
Das grüß ich Tages tausendmal,
Und wandl' auf seiner grünen Flur,
Doch, ach, in falschen Träumen nur.

Da krönen Wälder, schön belaubt,
Der milden Berge stolzes Haupt,
Und Quellen hüpfen hell und frisch
Herab ins niedre Schleegebüsch.

Da ist der Wiese grünes Kleid
Mit bunten Blumen überstreut;
Da schallet, wann die Sonne flieht,
Des wohlbelohnten Fleißes Lied.

Und im vergnügten Städtchen freut
Sich ruhige Vertraulichkeit,
Und auf den Straßen küssen frei
Sich Redlichkeit und deutsche Treu.

Zween Ströme grüßen brüderlich
An seinen stillen Mauren sich;
Umarmen sich in einer Bahn
Und strömen freudiger heran.

So strömen in der Abendruh
Sich hier verwandte Seelen zu;
So ward mein Herz mit einem Freund
Und einer Freundin hier vereint.

Was, von Begeisterung entglüht,
Ein Dichter nur in Träumen sieht,

Des goldnen Alters ganzes Glück
Kam bei den Edeln mir zurück.

Ihr Herz, voll deutscher Redlichkeit,
Ist allen Tugenden geweiht;
Ist jedem braven deutschen Mann
Und allem Schönen zugetan.

Sie hassen, stolz aufs Vaterland,
Der falschen Höflichkeiten Tand;
Sind offen, lieben Saitenklang
Und ehren Vaterlandsgesang.

O, wann erblick ich, liebes Tal,
Dich und die Guten noch einmal,
Dass, frei von dir, Melancholei,
Sich wieder meine Seele freu?

Der Todesengel am Lager eines Tyrannen
*Geweiht den Grafen Christian und Friedrich Leopold
zu Stolberg*

Schlaf deinen letzten Schlummer, Tyrann! Mit ihm
Fleucht Ruh auf ewig! Träume zum letzten Mal
   Dich glücklich! Ha! Du lachst? Erschien dir,
     Noch ungeboren, ein neuer Frevel? –

Lach nur und zwing die Hölle zum Lachen mit!
Bald wird sie heulen!, stürzen vom Throne bald,
   Den du, mit ihr im Bund, auf Schädeln
     Freier, verratener Völker bautest!

Ihr Blut zu trinken, zogst du die Menschheit aus,
Schufst Tier' aus Menschen, dass sie dir huldigten!
    Da krochen um den Thron sie, bebten
        Vor des erschaffenen Gottes Allmacht!

Wie Meeresstrudel gierig das Schiff verschlingt
Und wieder ausspeit: Also versammelte
    Dein Thron die Laster; Ströme stürzten
        Sich in den hallenden, weiten Abgrund!

Dass deine Burg ein brausender Becher ward
Voll heißer Lüfte, der sich mit wildem Strom
    Ins ganze Land ergoss, dass weinend
        Engel ihr heiliges Antlitz wandten.

Von dir vergiftet, schleichen Gerippe dort
Auf allen Straßen, fluchen im Tode dir,
    Wenn meine Brüder sie zur Rache
        Führen in deiner Vertrauten Abgrund.

Schau! Vor den Mauren schmachtet das Land umher;
Verdorrte Bäume starren zum Himmel auf;
    Im Weinberg stehn verwaiste Stäbe,
        Blühende Disteln auf ödem Fruchtfeld.

Denn unterm Ross des Jägers erstirbt die Saat;
Und was der Huf des rasenden Heers verschont,
    Zerwühlt das Wild, das deiner Mordlust
        Du für den kommenden Morgen hegtest.

In leerer Hütte schmachtet – du raubtest ihr
Den Mann – die Witwe; weinende Kinder flehn
    Um Brot, das du, dein Vieh zu nähren,
        Ihr aus den zitternden Händen rissest.

Dort jammern nackte Pflüger am rostenden,
Stierlosen Pfluge! Jener, mit fremdem Stier,
   Pflügt schaudernd seines Sohns Gebein auf,
     Den in der rasenden Schlacht du würgtest! –

Wie oft, Tyrann, erhub ich mein Schwert! Wie oft
Gab ichs dem Sohn der Freiheit! Er blutete!
   In Wolken hüllt ich mich und blickte
     Sehnend der säumenden Rach entgegen.

Sie kömmt!, sie kömmt! Erwache! Schon ist sie da.
Laut hebt im Himmel blutige Klage sich.
   Erwache! Ha! Du röchelst! Weit tut,
     Dich zu empfahn, sich der Hölle Schlund auf!

1775

Gesang zwischen Eliel, Elisens, und Uriel, Amyntens Engel

Uriel
Eliel, mein Auserwählter,
Eliel, umarme mich!

Eliel
Uriel, mein Auserwählter,
Feuriger umarm ich dich!

Uriel
Denn ihr Kummer ist verschwunden,

Eliel
Denn sie haben sich gefunden,

Beide
Die uns Gottes Hand vertraut.

Uriel
Nach so vielen trüben Tagen,

Eliel
Nach so vielen bangen Klagen,

Beide
Ward Elis' Amyntens Braut!

Uriel
Eliel, mein Auserwählter!

Eliel
Uriel, mein Auserwählter!

Beide
Komm, o komm, umarme mich!
Die Erkornen fanden sich.

Uriel
Bruder, Bruder, welche Freude,

Beide

Welche Wonn umfloss uns beide,
Als, herab vom Paradies,

Mich { Amyntens / Elisens } Herz zu bilden,

Nach der Sterblichen Gefilden
Gottes Stimme schweben hieß!

Uriel

Als ich, gleich den Lebensbäumen,
In des Knaben Seele keimen
Jede Männertugend sah!

Eliel

Als mit himmelsheitern Zügen
Ich den neuen Engel liegen
An der Mutter Brüsten sah!

Uriel

Bruder, Bruder, welche Wonne,
Allerwärmend, gleich der Sonne,
Junge Seelen zu durchglühn!

Eliel

Neue Seligkeitsgenossen,
Edle, blütenvolle Sprossen,
Gottes Garten zu erziehn!

Uriel

Wie auf Libanon die Zeder
Vor den Bäumen glänzt vor jeder
Seine Seel im Sonnenstrahl.

Eliel

Wie Saronas Ros enthüllte
Ihre Seele sich und füllte
Früh mit Duft das Blumental.

Uriel

Wie an festlichen Altären
Der Gesang von tausend Chören
Sich zu einem Lob erhebt;
Also wurden seine Triebe
Von der reinsten Feuerliebe
Zu dem Ewigen durchbebt.

Eliel

Wie in sonnenheller Fläche
Sich des Lebens goldne Bäche
Still Jehovas Throne nahn;
Also wallten, reiner immer,
In der Demut mildem Schimmer,
Ihre Taten himmelan.

Uriel

Aber seine Freuden welkten;
Traurigkeit und Lieb umwölkten
Sein verblühtes Angesicht.
Ach!, er sahe sie und brannte;
Und dein frommes Mädchen kannte
Seiner Seele Jammer nicht!
Bang umschwebt ich seine Qualen,
Lindrung ihm ins Herz zu strahlen,
War ich, ach umsonst, bemüht.
Freund, du sahest meinen Kummer,
Sangest bei Elisens Schlummer
Einst ein mitleidvolles Lied.

Eliel

Freund, in dämmernden Gesträuchen
Sah ich deinen Jüngling schleichen,
Wo Elise, denkend, schlich.
Wenn der Vögel Lied ertönte,

Hub ihr Busen sich und sehnte
Unbewusst nach Liebe sich.

Uriel

Ach, sein Kummer ist verschwunden!

Eliel

Ach, sie hat den Freund gefunden!

Beide

Ihre Seelen sind vereint!
   Wie mit dankendem Entzücken
Sie hinauf zum Himmel blicken!
Wie ihr Auge Freuden weint!
   Ewig heilig, ewig teuer
Sei euch dieses Tages Feier,
Der auf ewig euch vereint!
Jährlich wollen wir ihn feiern
Und der Liebe Glück erneuren,
Die auf ewig euch vereint.

An meine Freunde in Göttingen
Leipzig im Jänner 1775

Von euch, ihr Lieben, fern irr' ich allein,
Und kummervoll am öden Pleißestrand;
Die Gegend traurt im blassen Winterkleid;
Im stummen Wäldchen krächzen Raben nur!

Euch aber, Freunde, schließt im frohen Tal,
Durch das sich still die gelbe Leine krümmt,
Die Freundschaft noch in ihren treuen Arm
Und scherzt mit euch den trüben Abend weg.

Vom silbernen Klavier strömt Harmonie
Durch Vossens Hand geleitet euch ins Herz,

Wenn mit dem sanften Graun die Seel er schmelzt,
Mit Bach in Himmelssphären euch entrückt.
Alsdann spricht hoher Ernst, des Deutschen Freund,
Von eurer Stirn, der Geist fühlt größer sich,
Und stiller, feierlicher wird der Kreis. –

O Vaterland, und du, Religion!
Wie oft schlug unruhvoller euch mein Herz,
Wenn mit den Edeln euch ich huldigte! –

Ihr, Freunde, seid noch Deutsche, wert des Lands,
Das Hermanns Schwert und Luthers Donnerwort
Vom Joche Roms befreit, und Klopstock sang.
Ihr fühlt noch deutsche Kraft und Mut zur Tat;
Fühlts, dass des Deutschen Erbteil Freiheit ist,
Und strafts, wenn Bubenlist sie stürzen will!

Verachtend blickt auf jeden ihr herab,
Der Fürsten seine feile Harfe stimmt
Und ihren Lastern Tugendschimmer leiht;
Verachtender auf den, der, feiger noch,
Der Freiheit Wehr, dich, Herzensreinigkeit,
Und, Unschuld, dich mit Lachen untergräbt
Und Buhlerlüst' in reine Seelen singt. –

O Jüngling Deutschlands, fleuch das freche Lied,
Und wär in Honig jeder Ton getaucht!
Fleuch, Mädchen, ist dir deine Seele lieb,
Den tückischen, den ehrvergessnen Mann!

Ihr, Freunde, blickt euch freier an! Ihr sangt
Mit reinem Sinn; die Tugend lächelt euch. –

Doch warum schleicht der Freudenträne dort
Die stille, bange Trauerzähre nach?
Was blickt ihr schweigend euch und ängstlich an?,
Durchforscht den stummen Kreis und wendet euch?

Ach, klein ist er, und manchen Edeln riss
Sein winkendes Geschick aus eurem Arm!
Entfernt von Vaterland und Freiheit traurt
Schon lang am Belt der Stolberg' edles Herz;
Umsonst sehnt Cramern, Millern ihr zurück
Und Leisewitz, der kurze Zeit uns ward;
Noch ist um Hahn, den Sklavenhasser, nicht
Versiegt der Trennung Zähr! Auch mich, der euch
Unsichtbar jetzt umschwebt, sucht euer Blick!

Weint nur um euch! Doch um die Brüder mehr,
Die schwerer noch der Trennung Kummer drückt,
Ach, fern von euch, ihr Lieben, einsam drückt!

Hier, wo mein Missgeschick mich hinverschlug,
Hier schlägt für Freiheit und für Vaterland
Kein Herz an meinem Herzen; einsam fließt
Und ohne Trost mir jeder Tag dahin;
Nur Cramer, selber ohne Trost, ist mein.

Und bald werd ich auch ihm entrissen; bald
Zerstreut auch euren letzten Rest der Sturm;
Und trostlos einsam weinet bald auch ihr.

Doch lass sich nur der Trennung Schrecken nahn!
Du, Meer! Ihr, weite Länder, reißet nicht
Das unsichtbare, teure Band entzwei,
Das Freiheitslieb und Tugend uns umschlang.

Einst, wenn im Staube lange wir geruht
Und Erd und Himmel sinken und der Ruf
Des Totenweckers schallt, vereint aufs Neu
Die Tugend uns zum ewigen Triumph!

Der glückliche Bauer

Nun nenn ich schon ein ganzes Jahr
Mein liebes Weibchen mein;
Und denk ich nach, so scheints fürwahr
Kaum Wochen her zu sein.

So hurtig streicht kein Bach dahin,
Als diese Zeit verstrich;
Denn immer war mirs hell im Sinn,
Und stündlich freut ich mich.

Kam einmal eine Grille mir,
So schloss sie mich in Arm;
Und hatt ich einen Kuss von ihr,
Weg war der Sorgen Schwarm!

Sie hat mich in der kurzen Zeit
So gänzlich umgekehrt
Und, Gott sei Dank!, mich Frömmigkeit
Und Christentum gelehrt.

Ich singe nun so brünstiglich
Mein Morgenlied mit ihr;
Und abends, da erbaut sie sich
Aus Gottes Wort mit mir.

Dafür ist Segen auch im Haus;
Kein Mangel ficht uns an;
Und komm ich auf mein Feld hinaus,
So lacht mich alles an.

Gern trag ich nun des Tages Last,
Er sei auch noch so warm!
Denn abends find ich süße Rast
In meines Weibchens Arm.

Und lacht mir, einem Engel gleich,
Mein Kind an ihrer Brust,
Dann nähm ich nicht ein Königreich
Für diese Herzenslust!

Der Hain

Wie warst du, Hain, mir heilig, als ich mit ihr,
Die ich unendlich liebe, durchs Grüne ging,
  Als noch ihr blaues Auge Hoffnung
    Mir in die dämmernde Seele strahlte!

An ihrem Arm hing meiner und zitterte;
Durchs Leben, dacht ich, leit ich sie künftig so;
  Und sah sie schmachtend an und wandte
    Weinend das Auge von ihr gen Himmel.

Da sangt ihr Nachtigallen mir Brautgesang!
Da blühtet all ihr Blumen zu Kränzen mir!
  Da seufzt ich, sah sie an und wandte
    Wieder das Auge von ihr gen Himmel.

Ach Gott, ach Gott! Wie hat sich mein Herz getäuscht!
Klagt, Nachtigallen! Trauret, ihr Blumen, all!
  Sie liebt mich nicht; zum letzten Male
    Sah ich sie hier, und sie floh auf ewig!

Die Betrogene

Ach, wie ist mirs trüb im Sinn!
Alle Freuden sind dahin!
Ruh und Hoffnung sind verschwunden,
Öd und bang sind meine Stunden!
    Ach, wie ist mirs trüb im Sinn!

Dem ich ehmals alles war,
Ach, wie ist er wandelbar!
Der mir ew'ge Treu versprochen,
Ach, er hat den Schwur gebrochen;
    Dem ich ehmals alles war!

Andre sieht er freundlich an,
Scheut sich, mir sich nur zu nahn!
Den ich sonst allein entzückte,
Der auf mich alleine blickte,
    Sieht nun andre freundlich an!

Armes Sträußchen, welke nur!
Ihm entpflückt ich dich der Flur!
Aber Chloens war ihm lieber,
Achtlos ging er dich vorüber!
    Armes Sträußchen, welke nur!

O, der schwurvergessne Mann!
Chloen ist er zugetan!
Und ich hätte gern mein Leben,
Hätt ihm alles hingegeben!
    O, der schwurvergessne Mann!

Gott, wie ist mein Jammer groß!
Leid und Tränen sind mein Los!
Geh, mein Leben, nun ins Trübe!
Ach, du falsche, falsche Liebe!
    Gott, wie ist mein Jammer groß!

Wiegenlied einer Mutter

Schlaf, mein Püppchen, ungestört
Bis zum nächsten Morgen!
Dass kein Leid dir widerfährt,
Wird dein Schöpfer sorgen.

Deine Mutter wacht ja noch,
Betet für dein Leben:
Schütz, o Gott, den Liebling doch,
Den du mir gegeben!

Mehr, als dieses Mutterherz,
Liebt dich seine Liebe;
Engel steigen niederwärts,
Dass dich nichts betrübe.

Schlaf, mein Püppchen, sanft und süß!
Gottes Engel wachen.
Morgen seh ich dich gewiss
Wieder frisch erwachen.

An einen unzufriednen Freund

Was irrst du, Schwermut im Gesicht,
O Freund, durchs Leben hin?
Und siehst des Frühlings Blumen nicht
Zu deiner Freude blühn?

Siehst nicht des goldnen Sommers Zier,
Nicht seiner Ähren Pracht;
Des Herbstes Segen nicht, der dir
Von Baum und Rebe lacht.

Dankst nicht des Winters kaltem Hauch
Dein frisches, leichtes Blut;
Fühlst nicht, dass in der Erde Bauch
Schon neuer Segen ruht.

Umfängst in deinem Bruder nicht
Des Schöpfers Ebenbild;
Fühlst nichts, wenn seinem Angesicht
Der Freundschaft Trän entquillt.

Beutst brüderlich ihm nicht die Hand;
Teilst seine Freuden nicht;
Fliehst ängstlich vor dem sanften Band,
Das Liebe dir umflicht.

Wiss! Lieb ist Gottesgab und scheucht
Die Sorgen vor sich hin;
Wer willig seine Hand ihr reicht,
Weiß nichts von trübem Sinn.

Blick auf, o Freund! Sie lächelt dir
Aus Daphnens holdem Blick;
Auf! Wandl' ins Paradies mit ihr
Und lass den Gram zurück!

Einladung aufs Land

Komm, Liebchen, komm aufs Land!
Der Winter ist vergangen,
Und Tal und Hügel prangen
Im farbigen Gewand.

Sieh, wie am blauen See
Die Hagedorne blühen!
Und weiße Schäfchen ziehen
Durch blumenreichen Klee.

Und hier im Schatten girrt
Ein frommes Turteltäubchen
Und lockt das arme Weibchen,
Das sich im Hain verirrt'.

O sieh! Es kömmt zurück!
Ach, wenn auch du mich hörtest
Und auch zurücke kehrtest!
O Liebchen, komm zurück!

Die Liebe
Aus dem Siegwart

Was ist Lieb? Ein Tag des Maien,
Der in goldnem Glanz erwacht,
Hell auf froher Schäfer Reihen
Vom entwölkten Himmel lacht.

Flöten locken zu den Tänzen
Der vergnügten Mädchen Schar;
Blumen sammeln sie zu Kränzen,
Schmücken ihrer Schäfer Haar.

Schnell verdüstert über ihnen
Sich der schwülen Sonne Blick;
Schrecken starrt aus ihren Mienen;
Schüchtern eilen sie zurück.

Regengüsse strömen nieder;
Hain und Wiese sind verheert;
Und der frommen Freude Lieder
Sind in Trauerton verkehrt. –

Doch der Friedensboge strahlet
Ins erschrockne Tal herab;
Und der Hoffnung Freude malet
Sich auf allen Wangen ab. –

Gib, o Gott der frommen Liebe,
Mir ein ruhiges Gemüt,
Das durch Wolken, schwarz und trübe,
Ins Gefild der Hoffnung sieht!

Als Mariane am Klavier sang
Um Mitternacht

Alles schläft! Nur silbern schallet
Marianens Stimme noch!
Gott, von welcher Regung wallet
Mein gepresster Busen hoch!
Zwischen Wonn und bangem Schmerz
Schwankt mein liebekrankes Herz.

Schwind, o Erde! Lass mich fliegen
Zu des Hochgelobten Thron;
Mich mit ihr im Staube liegen,
Seufzen mit in ihren Ton!
Gott, du hörst es, was sie fleht;
Hör auch mit auf mein Gebet!

Dass ich lang um sie mich quäle,
Ist der Holden unbewusst.
Send, o Gott, der frommen Seele
Lieb und Mitleid in die Brust!
Wär ihr nur mein Leid bekannt,
Wär auch meine Qual verbannt. –

Gott! Ich seh den Himmel offen;
Freud und Leben winken mir!
Dass mein Herz darf wieder hoffen,
Dank ich, Mariane, dir!
Sing, und zaubr', o Sängerin,
Ganz ins Paradies mich hin!

Der Gärtner

Es war einmal ein Gärtner,
Der sang ein traurig Lied.
Er tät in seinem Garten
Der Blumen fleißig warten,
Und all sein Fleiß geriet;
Und all sein Fleiß geriet.

Er sang in trübem Mute
Viel liebe Tage lang.
Von Tränen, die ihm flossen,
Ward manche Pflanz begossen.
Hört, was der Gärtner sang!
Hört, was der Gärtner sang!

»Das Leben ist mir traurig,
Und gibt mir keine Freud!

Hier schmacht ich, wie die Nelken,
Die in der Sonne welken,
In bangem Herzeleid,
In bangem Herzeleid.

Ei du, mein Gärtnermädchen,
Soll ich dich nimmer sehn?
Du musst in dunkeln Mauren
Den schönen Mai vertrauren?
Musst ohne mich vergehn,
Ach, ohne mich vergehn?

Es freut mich keine Blume,
Weil du die schönste bist.
Ach, dürft ich deiner warten,
Ich ließe meinen Garten
Sogleich zu dieser Frist.
Sogleich zu dieser Frist!

Seh ich die Blumen sterben,
Wünsch ich den Tod auch mir.
Sie sterben ohne Regen,
So sterb ich deinetwegen.
Ach, wär ich doch bei dir!
Ach, wär ich doch bei dir!

Du liebes Gärtnermädchen,
Mein Leben welket ab.
Darf ich nicht bald dich küssen
Und in den Arm dich schließen,
So grab ich mir ein Grab.
So grab ich mir ein Grab.«

An einen Blumenstrauß

Blumen, die mit lieber Hand
Mir ein holdes Mädchen band,
Düftet Freud und Frühlingssegen
Mir im trüben Herbst entgegen,
Blumen, die die Holde band!

Draußen tobt der Winter schon;
Sturm und Schneegestöber drohn;
Sturm und Winter ließt ihr wüten,
Öffnetet ihr eure Blüten,
Sturm und Winter ließt ihr drohn.

Freud und Frühling hab ich hier;
Denn die Holde gab euch mir.
Freud umgaukelt mich und Wonne;
Wo sie lacht, ist Frühlingssonne;
Freud und Frühling hab ich hier.

Liebestaumel

Was geht die ganze Welt mich an,
Wenn ich die Holde sehen kann?
Herab zu mir, herabgebracht
Ist Paradies durch Liebesmacht!

Lach mir, du blaues Auge, du!
Raub meinem Herzen alle Ruh!
Ich schwimm im Liebesmeer dahin;
Und doch ist mir so wohl im Sinn!

Lass küssen, lass umarmen dich!
O Paradieseswonn um mich!
Lass leben ewig mich bei dir!
Sonst gib den Tod, du Holde, mir!

Glück der Liebe

Dein, o Herz, auf ewig dein
Soll der Engel Gottes sein!
Ach, ich fass es, fass es kaum;
Halts für Täuschung nur und Traum!

Dieser Arm umfasste sie!
Diese Hände drückte sie,
Küsste mich mit heißem Mund,
Tat mein Glück mir stammelnd kund!

Ach, ihr Tränen, stürzet hin,
Dankt der Wonnegeberin!
Holde, nimm die Tränen an,
Wenn der Mund nicht danken kann!

Freud und Leben kömmt mit dir;
Golden lacht die Schöpfung mir;
Jeder Tag, mit Heil geziert,
Wird von dir mir zugeführt!

Küss, o Engel, küsse mich!
Engel werd ich auch durch dich!
O, an dieser reinen Brust
Stürb ich gern vor Liebeslust!

Dein, o Wonnereiche, dein
Soll dies ganze Leben sein!
Jedes Tröpfchen meiner Zeit
Sei nur dir, nur dir geweiht!

Teilt sie nicht mein Herz mit dir,
Schmecke keine Freude mir!
Naht dir je ein Kummer sich,
O so leg ihn Gott auf mich!

Küss, o Holde, küsse mich!
Stürb ich, Engel, doch für dich!
Gott, wie dank ich, dank ich dir!
Welch ein Mädchen gabst du mir!

An meine Geliebte

Bald, du Holde, seh ich dich;
Sage dir mit stummen Blicken
Meine Liebe, mein Entzücken,
Spiegl' in deinen Augen mich.

Ruh und Himmel wohnen drin,
Gießen Freud und Liebessegen
Meinem trüben Blick entgegen
Und erhellen meinen Sinn.

Sieh, wie Neid und Missgunst schilt!
Lass sie Erd und Himmel trüben!
Jede Wolke muss verstieben,
Seh ich nur dein holdes Bild.

Unschuld, Lieb und Zärtlichkeit
Schließen sich um uns in Reihen;
Neid und Missgunst mögen dräuen!
Unser Los ist Heiterkeit.

Unschuld, Lieb und Zärtlichkeit
Folgen dir und mir zum Grabe;
Wenn ich dich, du Holde, habe,
Was bekümmert mich der Neid?

Mein Mädchen

Liebe, Liebe, welche Freuden
Gabst du mit der Holden mir!
Engel müssen mich beneiden,
Ruh ich in den Armen ihr.

Lieblicher als Maienblüte
Lacht ihr mildes Angesicht;
Ach, und ihres Herzens Güte
Fasset keine Seele nicht!

Taubenunschuld, Taubentreue,
Deutscher Sinn und deutscher Mut
Blickt aus ihrer Augen Bläue
Und der Liebe sanfte Glut.

Und ihr Wesen all so fröhlich!
Und ihr Kuss so keusch und rein! –
Gott im Himmel, wie so selig
Kann ein Mensch auf Erden sein!

An C. F. Cramer,
Professor in Kiel

Soll ewig bang und freudenleer
　　Dies Leben mir verfließen?
Und wirst du keine Lieder mehr
　　Mein trunknes Herz ergießen?

Ach, wenn sich Wolk an Wolke türmt
　　Und in der Buche Zweigen
Des Nordes kalter Odem stürmt,
　　Muss Philomele schweigen.

So schlägt um meinen trüben Geist
　　Der Unmut sein Gefieder;
All meines Lebens Hoffnung reißt
　　Sein wilder Odem nieder.

O Cramer!, fliehen sahn wir sie,
　　Die wir so feurig liebten,
Sie, die noch unsre Seele nie
　　Als dieses Mal betrübten.

Und warum willst *du* nicht mein Herz
　　Durch Freundestrost erquicken?
Und warum seh ich niederwärts
　　Dein schwimmend Auge blicken?

O sag es nur! Genug ist schon
　　Dies arme Herz zerrissen!
Wenn wenig Monden noch entflohn,
　　Werd ich wie sie *dich* missen.

Drum fodre nicht Gesang von mir!
　　Ich habe nichts als Tränen.
Statt froher Lieder würden *dir*
　　Nur bange Seufzer tönen.

Der Sturm

Trüb ists, und Sturm durchbraust die Luft,
Und Regenström ergießen sich,
Und düster ists im Herzen mir.

Ha, Sturm!, ich achte deiner nicht!
Ich eile durch den Regenguss,
Und fliege meinem Mädchen zu!

Lach, Engel, mir die Nacht hinweg!
Schon strahlt dein Bild mir Freud ins Herz;
Wie wirds an deiner Brust mir sein!

O du, vom Himmel mir gesandt!,
Wie lieb ich, o wie lieb ich dich!
Wie tausend Freuden schaffst du mir!

Lang führte mich durch Nacht und Sturm
Die Liebe; mir zur Seite ging
Furcht, Zweifel und Melancholei.

Nun wandl' im Land des Friedens ich
Und atme Wonn und Lebensluft
Und Himmel und Unsterblichkeit.

Du Engel, o wie lieb ich dich!
Wie dank ich dem, der dich mir gab!
Hin durch den Sturm! Zum Engel hin!

1776

An mein Mädchen

Mir ist doch nie so wohl zu Mut,
Als wenn du bei mir bist
Und deine Brust an meiner ruht,
Dein Mund den meinen küsst.
Dann schwindet alles um mich her,
Ich weiß von aller Welt nichts mehr.

Im Freundeskreis, beim Becher Wein,
Da bin ich freilich gern;
Doch, fällst du mir, mein Mädchen, ein,
Schnell ist die Freude fern;
Und bis ich wieder bei dir bin,
Kömmt keine Ruh in meinen Sinn.

O wäre doch die Zeit schon da,
Die noch so ferne scheint,
Da am Altar ein freudig Ja
Auf ewig uns vereint!
Dann wär ich Tag und Nacht bei dir;
Dann raubte nur der Tod dich mir!

Kinderlied
Im Frühjahr

Bald ist der Winter ganz vorbei;
Schon schmelzen Schnee und Eis;
Die Lüfte sind von Flocken frei;
Die Felder nicht mehr weiß.

Die armen Leute wärmen schon
Im Sonnenscheine sich;
All ihre Sorgen sind entflohn,
Weil Frost und Winter wich.

Schon blüht das Gänseblümchen hier;
Bald ist das Veilchen da;
Dann bind ich hübsch ein Sträußchen mir
Und bring es der Mama.

Ich denk es noch, als wär es heut,
Wie lieb sie mir gelacht,
Als ich ihr vor'ge Blumenzeit
Den ersten Strauß gebracht.

Die Straßen trocknen überall
Im warmen Sonnenschein;
Bald können wir uns mit dem Ball
Zur Feierstunde freun.

Und bald, o lieber Frühling, bald
Blüht Wiese, Baum und Hain.
Dann dürfen wir im grünen Wald
Den Kuckuck hören schrein.

Ach lieber Gott, auf Berg und Flur
Schmückst alles du so schön!
Gern will ich lernen. Lass uns nur
Recht bald den Frühling sehn!

Die Zufriedenheit

Was frag ich viel nach Geld und Gut,
Wenn ich zufrieden bin!
Gibt Gott mir nur gesundes Blut,
So hab ich frohen Sinn
Und sing aus dankbarem Gemüt
Mein Morgen- und mein Abendlied.

So mancher schwimmt im Überfluss,
Hat Haus und Hof und Geld;
Und ist doch immer voll Verdruss
Und freut sich nicht der Welt.
Je mehr er hat, je mehr er will;
Nie schweigen seine Klagen still.

Da heißt die Welt ein Jammertal
Und deucht mir doch so schön;
Hat Freuden ohne Maß und Zahl,
Lässt keinen leer ausgehn.
Das Käferlein, das Vögelein
Darf sich ja auch des Maien freun.

Und uns zuliebe schmücken ja
Sich Wiese, Berg und Wald;
Und Vögel singen fern und nah,
Dass alles widerhallt.
Bei'r Arbeit singt die Lerch und zu,
Die Nachtigall bei'r süßen Ruh.

Und wenn die goldne Sonn aufgeht,
Und golden wird die Welt;
Und alles in der Blüte steht,
Und Ähren trägt das Feld;
Dann denk ich: Alle diese Pracht
Hat Gott zu meiner Lust gemacht.

Dann preis ich laut und lobe Gott
Und schweb in hohem Mut
Und denk: Es ist ein lieber Gott
Und meints mit Menschen gut!
Drum will ich immer dankbar sein
Und mich der Güte Gottes freun!

An Miller
Von dem Hutmacher Städele in Memmingen

Deine Rechte führte mich
Zu dem Grabe des Edeln. –
Weh mir!
Die kalte Hand des Todes
Fährt an den sträubenden Nacken,
Schüttelt meinen Körper gewaltig;
Ach!, nun greift sie mir ins Herz, –
Wie es zittert! –
Sein Schauerhauch fasst meine Haare,
Wie Wirbelwind den Lindenwipfel. –
Hingefesseltes
Mitternächtliches
Ödes banges Schweigen
Stützt das schwere Haupt auf seine Urne. –
Mit abgerissnen Saiten liegt
Die hingeworfne Leier da. –
Keine Lieder mehr
Voll Empfindungshauches!
Keine Lieder mehr
Aus dem Munde des Edeln!
Mit abgerissnen Saiten liegt
Die hingeworfne Leier da!
Der Frühling ist verschwunden,
Und die Stimme der Nachtigall! –
Nur ein dumpfer Klageton
Aus der hartgepressten Brust
Tiefgebeugter, edler, deutscher Freunde,
Die mit bläulichgeringtem Auge
Auf gen Himmel blicken. –
Nur ein dumpfer Klageton
Aus der Hütte des Fremdlings

Ächzet um sein Grab. –
O Hölty! Hölty!
Verklärter Engel! Hölty!
Blick herunter von den Sternen
Auf die jammernden Freunde,
Die in deine Seraphsarme
Bald zu sinken wünschen!
Hauche Trost in ihre Seele!
O Hölty! Hölty!
Verklärter Engel! Hölty!
Blick auf die Hütte des Fremdlings!
Hauch in seine Seele
Deinen Liedergeist,
Dass er singen lerne wie du!
Herzen gewinnen wie du!
Freunden leben wie du!
Tugendhaft wandeln wie du!
Gott gefallen wie du!
Sterben wie du!
Indessen fließen meine Tränen
Auf des himmlischsanften Millers
Dumpfe Totenharfe nieder! –
Miller! Miller!
Beginn deinen Klaggesang!

Auf den Tod meines seligen Freundes Hölty

An den Hutmacher Städele zu Memmingen

Beginnen soll ich? Ach, ich will beginnen
Um meinen Freund den Klaggesang!
Doch Tränen, die herab auf meine Harfe rinnen,
Verstimmen ihren Silberklang! –

Der du mit mir um den Entschlafnen weinest,
Komm, Edler, mit mir an sein Grab!
Wohl dir, dass deinen Schmerz mit meinem du vereinest
Und Gott ein solches Herz dir gab!

Er eilte, lebt' er noch, dir froh entgegen
Und freute deiner Liebe sich;
Und gäbe für dein Lied dir brüderlichen Segen,
Wie er mich liebte, liebt' er dich. –

Doch wiege, Phantasie, nicht meinen Kummer
In Träume süßer Täuschung ein!
Er schlummert, ach mein Freund, den langen Todesschlummer,
Und Tränen soll mein Lied ihm weihn!

So weine denn, mein Lied! In deine Tränen
Mischt mancher Edeln Träne sich.
O Hölty, Tausende von Deutschlands edeln Söhnen
Und edeln Töchtern liebten dich! –

O Lohn des Lieds, den Edeln zu gefallen,
Weil es dich, hohe Tugend, lehrt!
Stets müss', o Göttin, dir mein Harfenspiel erschallen;
Dann werd auch ich des Lohnes wert! –

Dass Tränen sich auf deine Lieder gießen,
Dies, Hölty, wünschte sich dein Herz.
Ach, aber dass sie nun auf deinen Hügel fließen,
Für deine Freunde, welch ein Schmerz!

Umherzerstreut auf Deutschlands weiten Fluren,
Steht jeder einsam da und weint
Und denkt des frohen Tags, da wir den Bund beschwuren,
Der ewig uns mit dir vereint.

O welche Wonne damals uns durchglühte!
Verschwunden waren Tod und Grab!
Wir dachten ewig uns in junger Lebensblüte;
Und, ach, schon pflückt der Tod dich ab!

Weh uns Zurückgelassnen! Engel küssen
Dir schon die Tränen vom Gesicht;
Wir aber werden dir noch tausende vergießen,
Bis unser trübes Auge bricht.

An meiner *Donau* welkendem Gestade,
Von Herbstgewölken eingehüllt,
Irr' ich, und jeden Schritt auf dem verlassnen Pfade
Begegnet mir des Todes Bild.

Bei jedem Blatt, das sich am Strauche rötet,
Durchbeben Todesschauer mich;
Bei jeder Blume, die der Morgenreif getötet,
Denk ich, Entschlafener, an dich.

Dann schlägt der Schmerz mir tausendfache Wunden,
Zeigt mir der stillen Freuden Chor,
Die ich in deinem Arm, ach Gott!, wie oft, empfunden
Und nun durch deinen Tod verlor;

Den ersten Liebesblick und, ach, den letzten,
Da ich aus deinem Arm mich riss!
Die Tränen, die damals mein blasses Antlitz netzten,
Sie waren, gegen diese, süß.

O weinet mit mir, all ihr Edeln, denen
Je einen Freund der Tod geraubt! –
Dir aber, Städele!, sei Dank für deine Tränen!
Und nun erheb mit mir dein Haupt;

Und sieh zum Himmel auf, wo seinem Lohne
Der Sänger froh entgegengeht;
Wo, herrlicher gekrönt, in seiner neuen Krone
Er zu des Mittlers Rechten steht.

O lass uns stets, gleich dem beweinten Frommen,
Der Tugend unsre Harfe weihn!
Bald wird, mit Engeln, er auch uns entgegenkommen,
Und sich mit uns des Himmels freun!

Schubart an Miller
Am letzten Tag des Jahrs 1776

Lieber Miller, weggeschwunden
Sind des trägen Jahres Stunden,
Wonnereich für mich und süß
Wie ein Jahr im Paradies!

Von der Freundschaft Freuden trunken,
An dein Herz hinabgesunken,
Sanft, wie Maiendüft entfliehn,
Flohen mir die Stunden hin.

Unter himmlischen Gefühlen,
Unter Ernst und unter Spielen,
Oft umringt vom Musenchor,
Flog dies Jahr zu Gott empor.

Miller! – Ach, mit Dank und Segen
Fliegt dir heut mein Herz entgegen,
Hängt sich ungestüm an deins,
Eins zu sein mit deinem – eins!!

So wie du der Tugend leben,
Gott, dem Vaterland, ergeben
Und dem Frevler, ders nicht tut,
Zürnen voll von Christenmut.

Trauter Miller, lass die Kalten
In dem neuen Jahre schalten!
Liebst du mich nur heiß und wahr,
Welch ein himmlisch neues Jahr!

Antwort an Schubart
An eben dem Tage

Dank und warmer Brudersegen
Eilt dir für dein Lied entgegen,
Das den Chor der Freuden schließt,
Die mir dieses Jahr versüßt.

Tausend dankt ich deiner Liebe.
War mirs oft im Herzen trübe,
Warest meine Sonne du,
Lachtest Fried und Trost mir zu.

Blick ins Grab des Jahres nieder!
Wein und sieh zum Himmel wieder!
Dieses Jahr versinkt ins Grab,
Aber riss uns nicht hinab.

Neue Wonn und neues Leben
Soll das neue Jahr uns geben!
Komm und reich die Hand mir dar!
Glück und Heil zum neuen Jahr!

Lass uns ferner redlich handeln!
Glück wird uns zur Seite wandeln,
Bis den Lohn der Redlichkeit
Uns am Grab ein Engel beut!

Der sterbende Jüngling
an seine Freunde

Gott! So früh soll ich von hinnen?
Ich so jung, die Welt so schön!
Und ich soll sie nicht mehr sehn?
Gott, vergib, wenn Tränen rinnen!

Zwanzig meiner Lebensjahre
Flohn mit Blitzgeschwindigkeit.
Vater, welche kurze Zeit!
Und schon steh ich an der Bahre!

Ach, wenn ich mein Aug erhebe
Und den Chor der Jünglinge,
Wie sie um mich blühen, seh,
Dann erzittr' ich, Herr, und bebe.

Gott, du weißts, vor wenig Wochen
Blühte keiner so wie ich;
Da erhuben Stürme sich,
Und die Blum ist bald gebrochen.

Ach, ihr Freunde, kommt und sehet
Euren armen Bruder an,
Wie er, mitten auf der Bahn,
An des Grabes Pforte stehet!

Wie so viele frohe Stunden
Schuft ihr mir und schuf ich euch!
Jede war an Freuden reich;
Und die letzt' ist bald verschwunden!

Unschuld und Natur gewährte
Uns so manche fromme Lust.
Gott! Dir ist es selbst bewusst,
Dass ich nicht mein Herz entehrte.

Und nun winkst du mir von hinnen! –
Ach, ich weiß, du zürnest nicht,
Wenn das schwache Herz mir bricht
Und beim Scheiden Tränen rinnen.

Lebt denn wohl, ihr meine Lieben,
Bis wir einst uns wiedersehn!
Bis vor Gottes Thron wir stehn
Und uns dann nicht mehr betrüben.

Dank sei euch für jede Freude,
Die ihr liebevoll mir schuft,
Und vergebt an meiner Gruft,
Tat ich einem was zu Leide!

O so lebt denn wohl und weichet
Nie vom Pfad der Tugend ab,
Die uns solche Freuden gab,
Dass ihr mir im Tod einst gleichet! –

Welt! Du schöne Welt! Ich bliebe
Gerne länger noch auf dir!
Aber Jesus winket mir;
Und sein Wink ist Huld und Liebe.

Bald werd ich ihn näher schauen,
Der für mich am Kreuze starb,
Gnade mir und Huld erwarb
Und besiegt des Todes Grauen. –

Komm denn, Tod, mit deinen Pfeilen!
Spalte nur mein krankes Herz!
Jesus wird nach kurzem Schmerz
Seine Wund auf ewig heilen.

1780

Ein Brautlied
Den 18ten April 1780

Sieh! Mit duftendem Gefieder
Steigt der Lenz zu uns hernieder;
Freuden flattern um ihn her;
Leise, laue Lüfte wehen;
Hier im Tal und dort auf Höhen,
Nirgend herrscht der Winter mehr.

Blumen, Gras und Kräuter keimen;
Leben knospet auf den Bäumen;
Mücken tanzen in der Luft.
Von den neubegrünten Hügeln
Wallt, auf Zephyrs bunten Flügeln,
Hyazinth- und Veilchenduft.

Sieh, aus ihrem grünen Beete
Schwingt im Glanz der Morgenröte
Sich die frühe Lerch empor,
Trillert ihre Zauberlieder
Aus der blauen Luft hernieder
Und erweckt der Vögel Chor.

Schnell wirds lauter in der Büschen;
Alle Hainbewohner mischen
In der Lerche Lied sich ein.
Amseln flöten, Finken schlagen,
Schwalben zwitschern, Täubchen klagen
Im vertrauten Eichenhain.

Jeder Vogel sucht ein Ästchen,
Wählt sich einen Platz zum Nestchen,
Flattert her und flattert hin,

Sammelt Würzelchen und Reischen,
Baut sich draus ein kleines Häuschen,
Setzt sich drein und liebelt drin.

Alles, alles glüht von Liebe;
Alles fröhnt dem süßen Triebe,
Den der Lenz vom Himmel bringt.
In den Hainen, auf den Triften,
In den Wassern, in den Lüften
Fühlet alles sich verjüngt.

Von der Liebe Macht durchdrungen
Wandelt, Arm in Arm geschlungen,
Manches Paar im Mondenschein;
In des Haines Finsternissen
Rauschts von wonniglichen Küssen,
Und die Quellen lispeln drein.

Und mit Kränzen in dem Haare
Nahet hier dem Brautaltare
Sich ein jugendliches Paar. –
Seid ihrs, o geliebte beide?
O des Jubels, o der Freude!
Kniet ihr endlich am Altar?

Nimm, o Freund, die lang Erflehte!
Schöner als die Morgenröte
Blühen ihre Wangen dir.
Blau und sittsam wie Violen
Lacht ihr Auge; unverhohlen
Öffnet nun dein Herz sich ihr.

Voll von heiligem Entzücken,
Freud und Andacht in den Blicken,
Kniet am Brautaltar ihr hin.

O, des Priesters frommer Segen
Wall euch jeden Tag entgegen!
Jeder Unmut müss' euch fliehn!

Frei von Sturm und trüben Sorgen
Lach euch jeder neue Morgen,
Stets an neuen Freuden reich!
Wie der West die Lüfte kühlet
Und um junge Blumen spielet,
Spiel ein Freudenschwarm um euch!

Heiter fließ euch eure Jugend,
Heiter, an der Hand der Tugend,
Fließ euch euer Alter hin!
Tugend nur beseligt immer;
Ihre Freuden welken nimmer,
Können ewig nicht verblühn.

Am Hochzeittage meiner lieben Schwester und meines lieben Schwagers, J. L. Mündler
Den 26sten Sept. 1780

Komm endlich wieder, schon so lang
Von mir vergessne Leier!
Stimm in den fröhlichen Gesang
Bei dieses Tages Feier!

Mit Blumen, die der Herbst gebar,
Durchflecht ich deine Saiten,
Mit einem Lied zum Brautaltar
Ein Pärchen zu begleiten.

Hell müsst und melodienreich,
Ihr Saiten, heut erschallen!
Dies Pärchen ist, das sag ich euch,
Das liebste mir von allen.

Sie, deren dunkelbraunes Haar
Der Hochzeitkranz umwunden,
Das Mädchen dort am Brautaltar
Ist mir durchs Blut verbunden.

O Schwester, sieh nicht nur den Mann,
Der dir zur Seite kniet,
Sieh doch auch deinen Bruder an,
Des Herz vor Freuden glühet;

Das nie im Leben noch fürwahr
Mir so vor Freuden glühte,
Als da ich jüngst am Brautaltar
Mit *meinem* Weibchen kniete.

Aufs Neu umschwebt mich all die Lust,
Die damals mich umschwebte;
Aufs Neue bebt mir heut die Brust,
Wie sie mir damals bebte.

Denn all die Freuden, all das Glück,
Das ich seitdem genossen,
Wird heut, dies fleh ich vom Geschick,
Auch über dich ergossen.

Wie mir, so hell und wonniglich,
Wird dir das Leben lachen;
So glücklich als mein Weibchen mich
Wird dich dein Trauter machen. –

Und nun, o Schwager! – wie so laut
Möcht ich dein Mädchen rühmen! –
Doch für den *Bruder* deiner Braut
Will sich das Lob nicht ziemen.

Drum kann ich nichts, als andachtsvoll
Hinauf zum Himmel blicken
Und tausend Wünsche für dein Wohl
Zum Gott der Liebe schicken.

Dass jeder Tag so hell auf dich
Wie dieser niederlache
Und Lieb und Lust dein Hüttchen sich
Zur liebsten Wohnung mache!

Dass nimmer Unmut und Verdruss
Sich euch zu nahen wagen! –
Doch komm! Lass diesen Bruderkuss
Dir mehr als Worte sagen!

ANHANG

Johann Martin Miller,

Prediger am Münster und Professor der griechischen
Sprache am Gymnasium zu Ulm in Schwaben,

ist daselbst geboren 1750 den 3ten Dezember. Mit dem kindlichsten Danke segnet er noch jetzt das Andenken seines schon vor zwanzig Jahren verstorbenen Vaters, M. Joh. Michael Miller, gewesenen Predigers am Münster und Professor der hebräischen Sprache am Gymnasium zu Ulm, eines Mannes von deutscher Geradheit und Offenheit, unermüdeter Berufstreue, unerschütterlicher Liebe zu Gott und Christus und warmer, tätiger Menschenliebe. Zur Mutter gab ihm die liebende Vorsehung Dorothea Sibilla, eine geborene Wickin, die noch jetzt in einem ziemlich weit vorgerückten Alter frisch und gesund, durch Ausübung jeder christlichen Tugend der Schmuck und die Ehre ihres Geschlechtes und seines Lebens Stolz und Freude ist.

Sein Leben zeichnet sich, so wie bei den meisten, die sich den Wissenschaften widmen, durch keine besonderen Vorfälle, merkwürdige Schicksale und unerwartete Abwechslungen aus. Als sein Vater im Jahre 1753 eine Präzeptorstelle am Gymnasium in Ulm mit dem Pfarramte in dem Ulmischen Landstädtchen Leipheim verwechselte, begleitete er ihn nebst Mutter und Geschwistern dorthin. Zehn in aller Rücksicht glückliche und selige Jahre verlebte er hier in einer der reizendsten Gegenden an den lieblichen Ufern der Donau, im vollen Genusse der schönen, unverkünstelten Natur, im Arme der Einfalt und Unschuld, im Schoße der rechtschaffensten und zärtlichsten Familie, aufmerksam auf jede, täglich und stündlich in der Schöpfung vorgehende Veränderung, und in jedem seiner Geschöpfe den Schöpfer ahnend, bewundernd und liebend. Hier, im Genusse aller daraus entspringender seligen Gefühle, wo er zugleich aus dem Beispiele seines Vaters die großen, mannigfaltigen Verdienste bemerkte, die sich ein treuer und gewissenhafter Landprediger um die Glieder seiner Gemeinde machen kann, grub sich seiner Seele mit tiefen, unauslöschlichen Zügen der ehedem nur halb befriedigte und jetzt, leider!, auf immer vereitelte Wunsch und Hang ein, sein Leben dereinst auf dem Lande als Lehrer, Freund und Vater einer Dorfgemeinde zubringen und endlich beschließen zu können. Als sein Vater nach diesen zehn seligen Jahren, in denen er den treuesten Fleiß auf die Herzens- und Verstandesbildung seines Erstgebornen und zweier andrer, nun schon verklärter Kinder gewendet hatte, als Prediger und Professor nach Ulm versetzt wurde, so ward dieser Erstgeborne, durch seinen Vater hinlänglich darauf vorbereitet, erst Schüler in den zwo obern Klassen des Gymnasiums und nach drei Jahren Student, wo er unter der treuen Anführung mehrerer verdienstvoller Lehrer und Professoren, und hauptsächlich seines nun auch schon verstorbenen, um das Ulmische Gymnasium und die Wissenschaften überhaupt so sehr verdienten Großoheims M. Johann Peter Millers, Rektors und Professors der Geschichte und der griechischen Sprache, sich zur weiteren Fortsetzung des Studiums der Philosophie und Theologie auf Universitäten gehörig geschickt zu machen suchte.

Im Jahre 1770 eilte er aus den Armen seiner geliebten Eltern und einer einzigen, ihm übriggebliebenen Schwester, die ihm, ach!, nun auch schon seit zwei Jahren durch den Tod entrissen ist, nach Göttingen und fand da wieder im vollesten Sinne des Wortes Vater und Mutter, in der Person seines i. J. 1789 verstorbenen Oheims, des berühmten Konsistorialrats und Professors der Theologie, D. Johann Peter Millers, dessen Verdienste um die Erziehungskunst sowie um die gesamte Theologie und ganz vorzüglich um die theologische Moral jeder deutsche protestantische Theolog und Religionslehrer kennt und schätzt; und seiner noch in Halle lebenden, vortrefflichen, des besten Mannes so ganz würdigen Gattin. Als Haus- und Tischgenosse dieser ihm so über alles teuren Verwandten, als Sohn von ihnen geliebt und durch ihr gemeinschaftliches erhabnes Tugendbeispiel in der Liebe zu allem Gutem bestärkt, durchlebte er in Göttingen vier der glücklichsten Jahre seines Lebens und genoss außer dem in jeder Rücksicht so lehrreichen Privatumgange mit seinem Oheim auch noch dessen öffentlichen sowie den Unterricht der verdienstvollen, würdigen, größtenteils schon verstorbenen Göttingischen Lehrer: Michaelis, Zachariä, Walch, Leß, Feder u. a.

Natürlich und seiner Pflicht und Bestimmung gemäß widmete er hier seine meiste Zeit dem Studium der Theologie, um sich zu einem brauchbaren Religionslehrer zu bilden. Aber das glücklichste Schicksal, das ihn mit jenen edeln, damals jungen Männern, die Deutschland jetzt großenteils unter seinen vorzüglichen Dichtern oder sonst guten Köpfen zählt und schätzt und liebt, mit Boie, Bürger, Cramer, dem seligen Hölty und Hahn, mit Leisewitz, den beiden Grafen Stolberg und Voß in die genaueste und zärtlichste Verbindung brachte, weckte die schon von jeher in seinem Herzen genährte Liebe zur Dichtkunst zur heißen Leidenschaft auf und machte ihn kühn genug, manches deutsche Lied zu singen, wovon Boie mehrere in den Göttingischen Musenalmanachen, die er damals herausgab, abdrucken ließ. Noch erhöhet ihm die Rückerinnerung an die Stunden, die er mit jenen Edeln ganz der Freundschaft und der wärmsten Gottes- und Vaterlandsliebe gelebt hat, den Genuss jeder Freude und versüßt ihm manches Leiden, das auch zuweilen sein Los ist.

Nach vier Jahren ging er von Göttingen nach Leipzig, wo er aber nur ein halbes Jahr blieb, ein paar Collegia bei den dortigen berühmten Gelehrten Ernesti und Dathe hörte und hierauf an Ostern nach Göttingen zurückreiste, um dort noch einmal auf einige Tage seine teuren Verwandten und das nun sehr zusammengeschmolzene Häuflein seiner Freunde zu sehen und dann nach Ulm zurückzukehren.

Allein die gütige Vorsehung hatte ihm vor der Zurückreise ins Vaterland noch ein ganz vorzügliches Glück zugedacht. Klopstock, dem er schon vorher persönlich bekannt geworden war, reiste eben damals wieder von Karlsruh' nach Hamburg zurück, kam über Göttingen und war gütig genug, ihn über Hannover mit sich nach Hamburg zu nehmen; allen seinen Freunden ihn als seinen jungen Freund vorzustellen und ihm ein ganzes Vierteljahr lang tausend rührende Beweise der herzlichsten Zuneigung zu geben. Nur die Sehnsucht seiner im Vaterland auf ihn wartenden Verwandten war stark genug, ihn von der Seite dieses als Mensch und Dichter gleich großen Mannes und aus dem glücklichen Hamburg, wo er seine Stolberge und seinen Voß wiedergefunden und eine edle Schwester der Grafen, die Frau von Winthem, den lieben Claudius und sein gutes Weib, die würdigen Männer: Ehlers, Hensler, Unzer, Mumsen, Bach, Resewitz, Busch, Ebeling und mehrere kennen, hochschätzen und lieben gelernt hatte, hinwegzureißen, da er dann über Braunschweig, Göttingen, Gießen, Wetzlar, Frankfurt, Darmstadt, Heidelberg und Stuttgart nach Ulm zurückkreiste und auf diesem Wege wieder mit mehreren guten und großen Menschen bekannt wurde, z. E. mit Ebert, Schmidt, Gärtner, Eschenburg, Fleischer, Höpfner, Goethe, Klinger, Wagner, Mork und andern.

Kaum war er ein Vierteljahr als Kandidat in seiner Vaterstadt, so reiste er nach Zürich, wohin ihn die Grafen Stolberg und Baron Haugwitz beschieden hatten, und fuhr nach einigen, hauptsächlich in Lavaters, Pfenningers, Heffens und anderer braven Schweizer Männer Gesellschaft hingebrachten Tagen mit seiner lieben Gesellschaft wieder nach Schwaben und in seine Vaterstadt zurück. Fünf Jahre brachte er nun da als Kandidat des Ministeriums zu, in welcher Zeit er, außerdem dass er fast alle 14 Tage predigte und täglich fünf, sechs, auch wohl sieben Stunden Privatunterricht gab, den *Siegwart*, den *Briefwechsel dreier akademischer Freunde,* die *Geschichte Karls von Burgheim,* des Tischlers *Gottfried Walther* und verschiedene kleinere, in periodischen Schriften eingerückte Aufsätze schrieb, deren Verfertigung und Herausgabe – mag übrigens ihr ästhetischer und sonstiger Wert noch so gering und unbedeutend sein – ihn bis ans Grab und noch jenseits desselben freuen wird, da sie ihm die Bekanntschaft, Zuneigung und Liebe einer beträchtlichen Anzahl edler Menschen in der Nähe und Ferne, unter Protestanten und Katholiken verschafft hat, denen er sonst wohl nie bekannt worden wäre.

Nach fünf Jahren ward er von seinen Obern zum Pfarrer in Jungingen, nahe bei Ulm, ernannt, und sah so zwar einen Teil seines sehnlichen Wunsches, der Lehrer einer Landgemeinde zu werden, erfüllt, aber den andern nicht, zugleich auf dem Lande bei seiner Gemeinde leben zu können, indem der jeweilige Pfarrer in Jungingen seinen Wohnplatz in der Stadt hat. Nun verband er sich ehelich mit der Geliebten seiner Seele, mit der er seit 1780 in einer zwar nicht mit Kindern, aber mit Eintracht, Zufriedenheit und herzlicher, wechselseitiger Liebe gesegneten Ehe lebt.

Zwei Jahre nachher war ihm neben seinem Pfarrdienste das Lehramt der griechischen Sprache am Gymnasium, das er noch verwaltet, aufgetragen, und seit 1783 ist er in Ulm als Prediger am Münster angestellt und sucht in diesen zwei Ämtern seinen geliebten Mitbürgern durch treue Anwendung seiner Talente so nützlich zu werden, als er kann; lebt jetzt lieber seinen Verwandten, Freunden und sich selbst als dem größeren Publikum, dem er ehedem einigermaßen nützlich sein zu können glaubte, oder auch vielleicht nur wähnte; streut in seinem nun verengerten Kreise des Guten so viel aus, als er geben kann, und blickt ruhig und still dem großen Tag der Ernte sowie der frohen Wiedervereinigung mit seinen teils ferne von ihm lebenden, teils schon entschlafenen Geliebten entgegen.

Geschrieben zu Ulm, den 8. Jul. 1793
[Johann Martin Miller]

ANMERKUNGEN

Vorbericht (S. 7 ff.): *Bankert:* uneheliches, »auf der Bank gezeugt[es]« Kind (Johann Christoph Adelung, *Grammatisch-kritisches Wörterbuch der hochdeutschen Mundart* [GkW], Leipzig 1774). – *Etwas über fünfzig Gedichte:* Es sind genau fünfzig, die in der vorliegenden Sammlung zum ersten Mal veröffentlicht wurden. Zur Editionsgeschichte der einzelnen Gedichte vgl. Nachwort und, viel ausführlicher, Paul Kahls Edition des Bundesbuchs oder Bernd Breitenbruchs Ausstellungskatalog zu Leben und Werk Millers.

An Daphnen (S. 13 f.): *Daphne:* eine Nymphe; in der Mythologie und bei Miller Prototyp des begehrten Mädchens, das die Liebe aber selten erhört.

Eine Idylle (S. 15): *Zähre:* veraltet für Träne. Millers inflationärer Gebrauch dieses Wortes und seiner Diminutivform »Zährchen« veranlasste sogar die Herausgeber des Grimmschen Wörterbuchs als Anwendungsbeispiel den vorliegenden Millervers zu wählen.

Damon an den Mond (S. 16 f.): Miller vermerkt im Inhaltsverzeichnis: »Ich erkenne selbst, wie unvollkommen, zumal in Rücksicht auf den Versbau, dieses Gedicht ist. Aber ich schrieb es auf dem Heimberg bei Göttingen, in einer so reizenden Dämmerung, in einer so süßen Empfindung, wie man nur selten hat. Um das Andenken dieser Empfindung bei mir zu erhalten und manchmal beim Wiederlesen wieder zu erneuern, lass ich das Gedicht, hauptsächlich mir zu Lieb, hier abdrucken und hoffe, meine Leser werden mir diesen Eigennutz auch noch bei etlichen andern Gedichten, die ich in eben solcher Absicht habe abdrucken lassen, verzeihen.« – *Damon:* bei Vergil Name eines Hirten; taucht bei Miller immer wieder als Alter Ego oder lyrisches Ich auf, das den verliebten Jüngling verkörpert. – *Diana:* Göttin des Mondes; steht hier für den allmählich aufgehenden Mond selbst, bei Miller oft stiller Beobachter und Teilhaber des Liebesglücks oder Freund des Verliebten, dem er sein Leid klagt. – *dein Bruder:* Gemeint ist Dianas Bruder, der Sonnengott Apoll, der für die scheidende Sonne steht. – *Dorinde:* Die Schäferin Dorinda findet erstmals in Händels Oper »Orlando« (1733) Erwähnung. Als Geliebte des Damon nimmt sie hier die von Miller immer wieder gebrauchte Rolle der geliebten weiblichen Hirtenfigur an. – *Hain:* Symbol für den Hainbund und als solches dem antiken Musenhügel begrifflich entgegengestellt. Der Name für den Göttinger Dichterkreis geht auf die Klopstock-Ode »Der Hügel und der Hain« zurück und steht für ein Dichterideal, das programmatisch den teutonischen Dichter gegen den Poeten in der antiken Dichtungstradition stellt (vgl. Sauder, S. 29).

An Damon (S. 17): *Chloe:* weibliche Hauptfigur des Hirtenromans »Daphnis und Chloe« von Longos. Der Roman beschreibt die Liebesgeschichte der beiden Findelkinder. Damon wird hier von Miller die Rolle des Freundes des Daphnis zugeteilt, der vor lauter Kummer ob der unerfüllten Liebe zu

Chloe sterben will und seinen Freund bittet, an seinem Grab zu weinen. Das Gedicht stellt also ein Gespräch der beiden Freunde dar. – *Daphnis:* mythologischer Erfinder des Hirtenliedes und schon bei Vergil ein berühmter Sänger der Hirtenwelt.

Der Wunsch (S. 18 f.): Miller vermerkt im Inhaltsverzeichnis: »Komponiert vom Freiherrn Böcklin von Böcklinsau«, d. i. Freiherr Franz Friedrich Siegmund August Böcklin von Böcklinsau (1745–1813), Komponist und Autor, wirkte in Straßburg. – *Der Pappel grüne Nacht:* wird im »Deutschen Wörterbuch« unter dem Eintrag »grün« sogar als Beispiel für eine »typische Verbindung bildhafter Art« und Beleg für die stehende Wendung »die grüne nacht belaubter bäume« angeführt.

An ein verwelktes Röschen (S. 22): Miller vermerkt im Inhaltsverzeichnis: »Äußerst unbedeutend und nur um der sehr angenehmen, rondeaumäßigen Komposition des Herrn Neefe willen hier aufgenommen.«

Elegie an Amynten (S. 23 f.): *Amyntas:* Hirtenfigur bei Vergil, Geliebter der Chloe; vermutlich nach Vorlage der Ode »Amynt und Chloe« (1767) von Karl Wilhelm Ramler (1725–1798). Das lyrische Ich, voll Trauer um die Geliebte Laura, will in Todessehnsucht vergehen und klagt sein Leid dem Vertrauten Amynt, von dem es einst am Grab beweint werden möchte. – *gebeuen:* gebieten, befehlen.

An die Liebe (S. 25 ff.): *Olympus:* hier: der Himmel. – *zerfleußt:* zerfließt. – *Geuß:* gieß (Imperativ).

Klagelied eines Bauren (S. 31 f.): Miller vermerkt im Inhaltsverzeichnis: »Komponiert von Herrn D. Weis in Göttingen und von Schubart. Dieses Gedicht ist mir eines meiner liebsten, weil ich dadurch mit Herrn Boie und durch ihn mit meinen übrigen teuren Dichterfreunden in Göttingen bekannt geworden bin.« – *Kirmesreihen:* Reigen, Tanz. – *Pfirschen:* mundartlich für Pfirsiche. – *Maßlieb:* Name des Gänseblümchens oder anderer Wiesenblumen.

Friederich Hahn an J. M. Miller (S. 33 ff.): Die vorliegenden Strophen sind kurze Sinnsprüche oder Epigramme drängerischen Stils, auf welche im nächsten Gedicht Millers Antwort folgt. Johann Friedrich Hahn (1753–1779), Mitglied und Mitbegründer des Hainbundes, wurde von den anderen Mitgliedern für seine »genialischen« Oden im Stile Klopstocks verehrt und war der Stürmer und Dränger der Gruppe. Miller und Hahn verband eine enge Freundschaft. – *Im Biederstamme Teuts:* das Adjektiv »bieder« in seiner ursprünglichen, nicht negativ konnotierten Bedeutung »brav, fromm, tugendhaft«. »Stamm« verweist auf die germanischen Stämme als mythologischen Bezugsrahmen und »Teut« auf den germanischen Gott Tuisto, den Ahnherrn des deutschen Volkes. Das Motiv stammt vermutlich aus Klopstocks Ode »Thuiskon« von 1764 (vgl. Sauder). – *Bourbon [...] Franzensitte:* die Bourbonen, ein französisches Adelsgeschlecht, hier für den Franzosen oder die französische Kultur als Antipode zum Germanisch-Deutschen als dem Sittlichen und Guten. Zu Kulturpatriotismus und Deutschtum im Bund vgl. Paul Kahl, S. 426f. – *Tuiskons Sohn:* der germanische Jüngling. – *Und ewig sei der Bund:* »Der Bund ist ewig! Klopstock«. Das Zitat aus Klopstocks Ode »Der Hügel und der Hain« (1767) ist zugleich Wahlspruch des Bundes und Motto im Bundesbuch. Der Bund wird hier nicht nur als Freundschaftsbund, sondern auch als Zuflucht für Sitte und Tugend imaginiert (vgl. Sauder, S. 25).

Lob der Alten (S. 36f.): *in Züchten:* in Ehren.

Damötens Klagen (S. 41f.): *Damöten:* Damoetas, Name eines Hirten bei Vergil. – *Phillis:* Name eines Mädchens, vermutlich auf Vergils »Bucolica« (Phyllis) zurückgehend. – *auf der Weste leisen Flügeln:* gemeint ist der West-(Wind). – *Zephyr:* Windgottheit, hier der Wind selbst.

Daphnens Elegie auf ihre Täubchen (S. 43f.): *Tausendschön:* Bezeichnung für »verschiedene […] Gewächse, […] ihrer schönen Blumen« wegen, darunter auch das Gänseblümchen (Adelung, GkW).

Der verliebte Schäfer an sein Liebchen (S. 44f.): *nach einer altenglischen Ballade:* vgl. Christopher Marlowes (1564–1593) Gedicht »The Passionate Shepherd to His Love«. – *Geißblatt:* Kletterpflanze, v. a. im süddeutschen Sprachraum verbreitete Bezeichnung.

Frizchens Lob des Landlebens (S. 45ff.): *Pachter:* Pächter. – *Schmerlenbächlein:* Die Schmerle oder auch Bartgrundel ist ein europäischer Süßwasserfisch aus der Familie der Karpfen.

Lied eines Bücherfabrikanten (S. 48f.): Hier ist der (Roman-) Schriftsteller selbst gemeint, der aber als Fabrikant einen deutlich mehr auf den handwerklichen Aspekt betonten Anstrich bekommt. – *Messe:* Buchmesse. – *Theokrit […] Horaz […] Anakreon […] Homer:* Dichter der Antike und Teil des literarischen Kanons dieser Zeit. Der griechische Dichter Anakreon (6. Jhd. v. Chr.) ist der Namensgeber der Anakreontik, einer literarischen Strömung zur Mitte des 18. Jahrhunderts, die den Themen der Bukolik verpflichtet war und der auch die Mitglieder des Göttinger Hains zu Anfang thematisch nahestanden. Mit Blick auf das eher begrenzte Spektrum an Themen wie Wein, Eros und Liebe, dichtet Johann Wilhelm Ludwig Gleim ironisch: »Anakreon, mein Lehrer, / Singt nur von Wein und Liebe; / Er salbt den Bart mit Salben, / Und singt von Wein und Liebe; / Er krönt sein Haupt mit Rosen, / Und singt von Wein und Liebe; / Er paaret sich im Garten, / Und singt von Wein und Liebe; / […] / Soll denn sein treuer Schüler / Von Hass und Wasser singen?« – *Bei Gellerts Grabe:* Christian Fürchtegott Gellert (1715–1769), Autor und Zeitgenosse Millers. – *Klopstock:* Friedrich Gottlob Klopstock (1724–1803), literarisch-ideeller Vater des Hainbundes und für seine Mitglieder der größte lebende Autor. Seine Verehrung im Hainbund erinnerte beinahe an pseudoreligiöse Praktiken. – *Idylle […] Ode […] Satire […] Epopöe:* verschiedene Gedichtformen; zeigen hier die Vielfalt und Versiertheit des im literarischen Feld und allen Gattungen bewanderten Bücherfabrikanten. – *Barbiton:* antikes Saiteninstrument, ähnlich der Lyra; Attribut des (singenden) Lyrikers; ikonisch von Anakreon zur Begleitung seiner Gesänge verwendet.

Beim Ernteschmaus. Ein Baurenlied (S. 51 f.): Miller vermerkt im Inhaltsverzeichnis: »Komponiert von Herrn D. Weis«.

An den West (S. 53 ff.): *Fittich:* Flügel, Schwinge eines Vogels; hier der Luftzug. – *Philomele:* Figur der griechischen Mythologie. Sie und ihre beiden Schwestern wurden von Theseus in Vögel verwandelt. Mit Philomele singt bei Miller im übertragenen Sinn also immer die Nachtigall selbst.

An ein paar Ringeltäubchen (S. 55 ff.): *Cyprien:* Cypria, einer der Beinamen Aphrodites (»die auf Zypern Geborene«), der Göttin der Liebe und Schönheit. – *Myrtenreiser:* dünne Zweige, die Vögel zum Nestbau verwenden.

Die Geliebte (S. 57 f.): *erkiest:* erwählt. – *Puppentand [...] Lutetien:* gemeint sind schicke, extravagante Kleider aus Paris (lat. Lutetia). – *teutsch:* das anlautende »t« verstärkt die Nationalbezeichnung »deutsch« und rückt sie semantisch in die Nähe des Ahnherren und Identitätsstifters Thuiskon (vgl. Anm. zu »Friedrich Hahn an J. M. Miller«, S. 33 ff.).

An die Sonne (S. 58): Vermerk: »Komp. von Herrn Neefe«.

Einladung in die Laube (S. 59 f.): *wie Diana ohne Schleier:* d.i. der Mond am klaren, unbewölkten Himmel. – *Bacchus:* der Gott des Weines. Hier ist der Alkohol selbst gemeint, der mutig macht.

Der Mai (S. 60 f.): Vermerk im Inhaltsverzeichnis: »Komp. von Herrn Neefe«. – *löcken:* mit den (Hinter)füßen ausschlagen oder springen.

An die Venus (S. 62): *Nach Horazens 3oter Ode im ersten Buch:* die kurze, aus zwei sapphischen Strophen bestehende Ode von Horaz parodiert Miller hier und überführt sie in schlichte vierhebige Jamben. Die Figur der Cynthia erfindet er und bastelt um sie das typische Werben um eine Frau, bei dem ihm die Venus nun helfen soll. – *Venus:* griech. Aphrodite, in der römischen Mythologie Göttin der Liebe und Schönheit. – *Paphos:* Stadt auf Zypern, wo ein Tempel der Venus stand; ein anderer stand in Knidos, daher der Beiname »Cnidia«. – *Charitinnen:* Göttinnen der Anmut im Gefolge der Venus. – *ihren Junker [...] Bog und Köcher:* Gemeint ist der Liebesgott Amor, Sohn der Venus und des Mars, mit seinen beiden Attributen Bogen und Köcher zum Abschießen der Liebespfeile. – *den Herrn Merkur:* den Götterboten Hermes, in manchen Quellen Amors Vater.

Voß an J. M. Miller (S. 63): Johann Heinrich Voß (1751–1826), Mitbegründer des Bundes, Herausgeber des »Vossischen Musenalmanachs« und maßgeblicher Übersetzer der »Odyssee« ins Deutsche; heute mehr als Philologe und Übersetzer bedeutend denn als Dichter. Das vorliegende Gedicht und Millers Replik stellen eine für den Göttinger Dichterkreis typische bundinterne Binnenkommunikation dar und verweisen auf den eigentlichen (und ersten) Publikationsort der Gedichte, das Bundesbuch, wo sie handschriftlich eingetragen untereinander stehen (vgl. Paul Kahls Edition). – *Obotrite:* Anspielung auf Voß' Heimat, wo sich Teile der wendischen Bevölkerung Mecklenburgs nach dem westslawischen Stamm der Obotriten bezeichneten. – *Selinde:* weibliche Hirtenfigur.

J. M. Miller an Voß (S. 64): Der mit Sicherheit auch augenzwinkernd zu verstehende Reim ist durchaus als poetologisches Statement Millers mit Blick auf sein Verständnis von Inspiration, Wahrnehmung und Ausdruck zu deuten (vgl. auch »Der Wunsch«, S. 18 f.): »tausend Szenen – könnt ich sie, / Wie ich sie fühle, singen« (vgl. Nachwort). – *Cypris:* Beiname der Venus, nach ihrem Tempel auf Zypern (vgl. Anm. zu »An die Venus«, S. 62). – *Sie und den kleinen Knaben:* gemeint ist Amor (griech. Eros), der Gott der Liebe.

Der Vater an seinen Sohn (S. 67 ff.): *Buhlerin:* ursprünglich »eine geliebte Person beiderlei Geschlechtes« (Adelung, GkW), wird das Wort hier abwertend gebraucht, mit Verweis auf eine »unerlaubten Liebe«.

Abschied von Nais (S. 70): *Nais:* Wassernymphe, Geliebte des Hirten Daphnis. Demnach ist es Daphnis, der hier spricht.

Die Verschwiegenheit (S. 71): Das Motiv der verschwiegenen Nachtigall als stummer Zeugin der heimlichen Liebe folgt dem bekannten Gedicht »Under der linden« Walthers v. d. Vogelweide (vgl. »Lied eines Mädchens«, S. 81 f.).

Der Bauer an sein Röschen (S. 71 f.): Vermerk: »Komp. von Herrn C. F. Ph. Bach in Hamburg«.

Minnelied (S. 75 f.): Anmerkung Millers im Inhaltsverzeichnis: »Man erlaube mir von diesem und den folgenden Minneliedern ein paar Worte! Bürger, Hahn, Hölty, Voß und ich fingen an, um die damalige Zeit die Minnesinger gemeinschaftlich zu lesen und zu studieren. Voll von der Einfalt und Süßigkeit dieser Sänger, ganz in ihre Zeiten zurückgezaubert, versuchten wirs, ihnen etliche Lieder nachzusingen, und hatten dabei die Absicht, zum Studium dieser Denkmale deutscher Dichtkunst mehrere zu ermuntern und sie auf wahre Simplizität und auch verschiedene alte gute Wörter aufmerksam zu machen, nicht aber, wie nachher ein Rezensent dem anderen nachschwatzte, leeren Klingklang, dessen ohnedies schon genug ist, noch mehr in Gang zu bringen. – Aber welche Absicht wird nicht von dem Tross gewöhnlicher Rezensenten verkannt!!« 1757/58 erschien die von Johann Jakob Bodmer herausgegebene »Sammlung von Minnesingern«, deren Rezeption den Bund auch thematisch in neue Gefilde brachte, weg von der empfindelnden Rokoko-Lyrik. Das explizit Deutsche in der »alten« Minnelyrik passte dabei ganz hervorragend zur ohnehin schon deutschtümelnden Programmatik des Kreises. Besonders Miller, dessen Bardenname »Minnehold« lautete, nahm sich dabei der Aufgabe an, alte Wörter durch Gebrauch in der eigenen Produktion zu retten; mit Blick auf seinen Liedstil dürfte die einfache Minnelyrik einen nicht unwesentlichen Einfluss auf sein Schreiben gehabt haben, und auch das Ideal des Dichter-Sängers entspricht der Miller'schen Poetik (vgl. Nachwort).

Einladung zum Tanz (S. 78): *selbander:* zu zweit.

Lied eines Mädchens (S. 81 f.): Vermerk im Inhaltsverzeichnis: »Komponiert von Herrn Rheineck in Memmingen und von Herrn D. Weiß«. – *Nach Herrn Walther von der Vogelweide:* Gemeint ist das bekannte Gedicht »Under der linden« Walthers von der Vogelweide (ca. 1170–1230), das Miller hier motivisch in seinen letzten Strophen adaptiert (vgl. Anm. zum »Minnelied«, S. 75 f.).

Das Mädchen an die Nacht (S. 83): Vermerk im Inhaltsverzeichnis: »Komp. in einer Leipziger Musikaliensammlung«.

Sittenverderb (S. 84 f.): zum Kulturpatriotismus des Bundes vgl. Anm. zu »Friederich Hahn an J. M. Miller«, S. 33 ff.

Das deutsche Mädchen an ihr Klavier (S. 85 f.): zum Begriff des Deutschen vgl. Anm. zu »Friederich Hahn an J. M. Miller«, S. 33 ff. – *Afterscherz:* Lästern oder Scherzen in Abwesenheit des Betreffenden (vgl. »Afterspott«: Anm. zu »Huldigung«, S. 132 f.). – *dein vaterländisch Lied:* Fußnote bei Miller: »Vaterlandslied zum Singen für Johanna Elisabeth von Winthem. S. Klopstocks Oden, S. 274«. Johanna Elisabeth von Winthem (1747–1821) war zuerst Nichte, engste Freundin und später Ehefrau Klopstocks. Miller machte ihre Bekanntschaft 1775 während seines Aufenthalts in Hamburg, die Hainbündler verehrten sie vor allem als Sängerin, aber auch als tugendhafte Frau.

Der Frühling (S. 87): Vermerk: »Komp. in einer Wienersammlung«.

Deutsches Trinklied (S. 87 ff.): Vermerk: »Komp. von Herrn Overbeck und zween mir Unbekannten«. – *auf Hochheims Hügeln:* Die hessische »Sekt- und Weinstadt« Hochheim am Main. – *Ebert, Hagedorn und Gleim:* Johann Arnold Ebert (1723–1795), Dichter der Frühaufklärung; Friedrich von Hagedorn (1708–1754), Johann Wilhelm Ludwig Gleim (1719–1803), deutsche Schriftsteller des Rokoko und Vertreter der Anakreontik (vgl. Anm. zum »Lied eines Bücherfabrikanten«, S. 48 f.). – *unser Kaiser Joseph lebe:* Joseph II. (1741–1790), ab 1765 Kaiser des Heiligen Römischen Reichs; zeichnete sich vor allem durch seine Reformen »fürs Volk« aus (etwa die Aufhebung der Todesstrafe) und vertrat einen aufgeklärten Absolutismus. – *Hermanns hoher Schatten schwebe:* Gemeint ist der mythische Urvater der Germanen, Arminius der Cherusker, der den Römern 9 n. Chr. in der Varusschlacht eine verheerende Niederlage beibrachte, der »Befreier Germaniens«. Klopstock bearbeitet den Stoff um den nationalen Mythos in seiner Ode »Hermann und Tusnelda« und seinen drei Hermann-Dramen. – *Tuiskons edeln Söhnen:* vgl. Anm. zu »Friederich Hahn an J. M. Miller«, S. 33 ff.

Amynt bei einer Schlittenfahrt (S. 89 f.): *Amynt:* vgl. Anm. zur »Elegie an Amynten«, S. 23 f.

An Philaiden (S. 90 ff.): *Philaide:* Name einer Hirtin, etwa bei Johann Georg Jacobi (1740–1814) im Gedicht »An Philaiden«. – *Philomelens Lied:* das

Lied der Nachtigall (vgl. Anm. zu »An den West«, S. 53 ff.). – *Weg aus dieser Wüste führt:* vgl. das bibl. Motiv des Rufers in der Wüste (Jes 40,3, Mk 1,3).

An meine künftige Geliebte (S. 95 f.): *wie der Mittler einst getan:* Jesus Christus, der Mittler zwischen Gott und dem Menschen (1 Tim 2,5).

Im Rosenmond (S. 100): Vermerk im Inhaltsverzeichnis: »Komp. von Herrn Overbeck. Ich weiß aber nicht, ob seine Komposition gedruckt ist?«

An meinen lieben St** (S. 108): Gemeint ist einer der beiden Grafen (und Brüder) zu Stolberg-Stolberg: Friedrich Leopold (1750–1819) oder Christian (1748–1821), die ab 1772 ebenfalls in Göttingen studierten und dort den Bund mitbegründeten.

Todeserinnerung (S. 109 f.): *empfahen:* empfangen.

Bei Nacht (S. 110 f.): Vermerk: »Komp. von Herrn D. Weiß«.

Abends in der Laube (S. 119 f.): Vermerk: »Komp. von Herrn D. Weiß«.

Trauerlied (S. 120): *Blumenrain:* Abhang oder schmales Stück Land, das »zwischen zwei Äckern ungepflügt liegen bleibet und mit Gras bewachsen ist« (Adelung, GkW), also ein trautes Plätzchen abseits.

An Friedrich Leopold Graf zu Stolberg (S. 122): *Mir, o bester Stolberg, ein:* Anmerkung bei Miller: »In ein Buch, dergleichen jeder von uns in Göttingen besaß und in welches jeder seine Gedichte eigenhändig einschrieb.« Gemeint ist das Bundesbuch (vgl. Nachwort). – *das beste Paar der Brüder:* vgl. Anm. zu »An meinen lieben St**«, S. 108. – *Noch dem Donaustrand erzählen:* Die Donau steht bei Miller symbolisch für seine Vaterstadt Ulm, fern von Göttingen und den dortigen Freunden. Nach seiner Rückkehr war Miller wohl tatsächlich über seine Isolation im Süden sehr unglücklich.

An Lieschen (S. 123 f.): Vermerk: »Komp. von Herrn D. Weiß«. – *Ficke:* mundartlich, Hosen- oder Rocktasche.

Einladung zur Freude (S. 125 ff.): *Bur:* Korbblütler, der Sonnenblume ähnlich. – *Noch in Aurorens* Pracht: Aurora (griech. Eos), Göttin der Morgenröte, Schwester von Luna (Mond) und Sol (Sonne).

Nach erhörter Einladung (S. 127 f.): *die goldne Zeit / Die Gessners Lied gepriesen:* Der Schweizer Salomon Gessner (1730–1780) war vor allem für seine Hirtendichtungen bekannt. Mit »Gessners Lied« sind hier die 1756 veröffentlichten »Idyllen« gemeint, in denen er in der Tradition des antiken Eklogen-Dichters Theokrit das gleichmäßige Schäferdasein in Harmonie mit der Natur als paradiesischen Urzustand imaginiert: Programmatisch lässt sich der Bogen zur Stadt-Land-Opposition in Millers Dichtung schlagen, wenn Gessner im Vorwort schreibt: »[...] denn es ist eine der angenehmsten Verfassungen, in die uns die Einbildungs-Kraft und ein stilles Gemüt setzen können, wenn wir uns mittelst derselben aus unsern Sitten weg, in ein goldnes Weltalter setzen. [...] Oft reiß ich mich aus der Stadt los, und fliehe in einsame Gegenden, dann entreißt die Schönheit der Natur mein Gemüt allem dem Ekel und allen den widrigen Eindrücken, die mich aus der Stadt verfolgt haben; ganz entzückt, ganz Empfindung über ihre Schönheit, bin ich dann glücklich wie ein Hirt im goldnen Weltalter und reicher als ein König.«

An Daphnen, an ihrem Geburtstage (S. 128 f.): *des Todes bittrer Becher:* der mit dem Gift des Schierlings gefüllte Schierlingsbecher, den der Sage nach der griechische Philosoph Sokrates zum Freitod zu sich nahm.

Huldigung (S. 132 f.): *Trotz des niedern Afterspottes:* vgl. »Afterscherz«, Anm. zu »Das deutsche Mädchen an ihr Klavier«, S. 85 f.

Lobgesang eines Mädchens (S. 134 f.): *Agathon:* griech. ›das Gute‹; Name für einen Jüngling. – *erkiese [...] erkoren:* auswählen, aussuchen, küren.

Nonnenlied (S. 139 f.): Vermerk: »Komp. von Herrn Overbeck«.

Lied eines Gefangenen (S. 141 f.): *empfahn:* empfangen; nach Adelung ein schon zu Zeiten Millers veraltetes Verb. – *Schwanenlager:* Der Schwan bzw. sein Gesang stehen symbolisch für die Ambivalenz des Schönen, das im Vergehen begriffen ist, in diesem Fall der letzte ruhige Traum, bevor der Tyrann seiner gerechten Strafe entgegensehen muss. – *Lasterpfuhle:* die Hölle. – *Palmen:* Symbol des Sieges Christi; am Palmsonntag feiert man Christi Einzug in Jerusalem unter Palmwedeln (vgl. Psalm 92,13: »Der Gerechte sprosst wie der Palmbaum, wächst hoch, wie die Zeder auf dem Libanon.«).

Die Laube (S. 144 f.): *Hesper:* Hesperos, der Sonnengott. – *Deines Closen:* Anmerkung bei Miller: »Hahn ist schon aus dem 14ten Gedichte dieser Sammlung bekannt. K. W. Baron von Closen, sein allervertrautester Freund, ging ihm ohngefähr ein Jahr in die Ewigkeit voran. Sit illi terra levis!« Das vierzehnte Gedicht ist »Friederich Hahn an J. M. Miller« (S. 33 ff.). »Sit illi terra levis!« (lat.): »Möge die Grabeserde leicht auf ihnen ruhen«. Carl August Wilhelm von Closen (1754/56–1776), adeliger Herkunft, studierte in Göttingen, trat dem Bund bald nach seiner Gründung bei und war als eines der »stillen« Mitglieder ein Freund Millers und Hahns. – *Wallerziel:* Ziel des Wanderers. – *an der Donau Strand:* vgl. Anm. zu »An Friedrich Leopold Graf zu Stolberg«, S. 122.

An Herrn Clauswitz (S. 148 f.): Carl Christian Clauswitz (1734–1795), Mitglied des Hainbundes. – *wann der Haufe zittert:* Gemeint ist die Mehrzahl der Menschen, die nicht so tugendhaft wie der angesprochene Clauswitz leben.

An Daphnen (S. 151 f.): *Cytherens Heiligtum:* Cythere, weiterer Beiname der Liebesgöttin Venus, nach der griech. Insel Kythera, an deren Ufern sie der Sage nach landete. Mit ihrem Heiligtum ist der Tempel der Liebe oder die Liebe selbst gemeint (vgl. Anm. zu »An die Venus«, S. 62).

Antwort der Nonne (S. 155 f.): *verrottet wider Unschuld sich:* schließt (rottet) sich gegen die Unschuld zusammen.

Abschiedslied an Esmarch (S. 157 f.): Vermerk: »Komp. von Herrn D. Weiß«. Christian Hieronymus Esmarch (1752–1820), Mitglied des Hainbundes, der Göttingen 1773 verließ, worauf Millers Abschiedslied anspielt. – *Unsers Bunds:* des Hainbundes. – *Zeuch in fernes Land:* ziehe (Imperativ); tatsächlich nahm Esmarch eine Hauslehrerstelle in Kopenhagen an.

Gebet einer Sünderin in einem Magdalenenkloster (S. 160): *Magdalena:* Maria Magdalena, Patronin des Magdalenenklosters, in dem die bittende Sünderin ruft. Die von Dämonen besessene Sünderin Maria von Magdala wurde von Jesus bekehrt. Darauf bezieht sich das Gebet der Sünderin, die sich für sich selbst die gleiche Vergebung verspricht.

An der Quelle, die Weende bei Göttingen (S. 165): *Weende:* heutiger Stadtteil Göttingens und zu Millers Zeiten ein Stück Weideland, wo der gleichnamige Fluss Weende in die Leine mündet. – *Mein Stolberg einst ein Lied:* Fußnote bei Miller:»Gedichte der Grafen Stolberg S. 39«.

An die Grafen Christian und Friedrich Leopold zu Stolberg (S. 165f.): Vermerk im Inhaltsverzeichnis:»Wie man sieht, in einer düsterschwärmerischen, schwermütigen Stunde gesungen. Allein auch das Andenken an solche Stunden ist süß«. Bei Miller Fußnote zum Titel:»Dieses Gedicht bezieht sich auf eine vereitelte Hoffnung des Verfassers, nach Kopenhagen, wo sich damals die beiden Grafen aufhielten, zu kommen.«

Die Geliebte (S. 168f.): Vermerk:»Komp. von Herrn Neefe«. – *eine Bildung:* eine Erscheinung, ein Traum- oder Schattenbild in Mädchengestalt. – *Waller:* vgl. Anm. zu»Die Laube«, S. 144f. – *Siegespalme:* vgl. Anm. zu»Lied eines Gefangenen«, S. 141f.

Das Tal bei Münden an der Weser (S. 170f.): *Münden:* Die hessische Stadt Hannoversch Münden, wo Miller 1774 bei Johann Conrad von Einem und seiner Tochter Charlotte zu Gast war,»einem Freund / Und einer Freundin«. – *Schleegebüsch:* Stauden von Schlehdorn. – *Zween Ströme:* Fußnote bei Miller:»Die Fulde und Werre, die sich hier vereinigen und die Weser bilden«. – *Des goldnen Alters ganzes Glück:* vgl. Anm. zu»Nach erhörter Einladung«, S. 127f.

Gesang zwischen Eliel, Elisens, und Uriel, Amyntens Engel (S. 177–180): *Wie auf Libanon die Zeder:* Die Zeder steht in der Bibel für den Gerechten. Sie ist im Gebiet des heutigen Libanon verbreitet und ziert sogar die Landesflagge (vgl.»Lied eines Gefangenen«, S. 141f.). – *Wie Saronas Ros:* die Rose von Scharon, vgl. Hoheslied 2,1:»Ich bin eine Blume in Scharon und eine Lilie im Tal. Wie eine Lilie unter den Dornen, so ist meine Freundin unter den Mädchen.« – *Sangest [...] Einst ein mitleidsvolles Lied:* bei Miller Fußnote: »S. das 74te Gedicht: Elisens Engel, als sie schlief« (vgl. S. 98f.).

An meine Freunde in Göttingen (S. 180ff.): *am öden Pleißestrand:* die Pleiße, ein Fluss durch Leipzig. Miller verbrachte dort ein Semester, wo er wohl Heimweh nach Göttingen und seinen dort zurückgelassenen Freunden litt. – *die gelbe Leine:* Fluss durch Göttingen. – *mit Bach in Himmelsphären euch entrückt:* Carl Phillipp Emanuel Bach, Modekomponist im nervösen Stil und bei Zeitgenossen ungleich berühmter als sein Vater Johann Sebastian. – *Hermanns Schwert:* vgl. Anm. zum »Deutschen Trinklied«, S. 87 ff. – *Luthers Donnerwort [...] Vom Joche Roms:* gemeint ist Luthers Übersetzung der Bibel ins Deutsche, ein wesentlicher Beitrag zur Herausbildung der deutschen Standardsprache. Die Reformation, die davon ihren Ausgang nahm, führte zur Abspaltung der evangelischen von der katholischen, also römischen Kirche unter dem Papst. Die lutherische Kirche steht für das emanzipierte Deutschtum an sich. – *und Klopstock sang:* vgl. Anm. zu »Friederich Hahn an J. M. Miller«, S. 33 ff. – *manchen Edeln riss / Sein winkendes Geschick aus eurem Arm:* ab September 1773 löst sich der Bund mit dem Weggang der Mitglieder nach und nach auf (vgl. Sauder, S. 46). – *Unsichtbar jetzt umschwebt:* ein bei Miller immer wiederkehrendes Motiv des im Tod oder in örtlicher Entfernung Abwesenden, der den Zurückgebliebenen gleich einem (Schutz-)Engel unsichtbar umfängt. – *am Belt der Stolberg' edles Herz:* Meerengen um Dänemark. Nach seinem Weggang aus Göttingen war Friedrich Leopold zu Stolberg von 1777 bis 1780 Gesandter in Kopenhagen. – *Millern:* Fußnote bei Miller: »Jetzigen Ulmischen Ratskonsulenten«. Gemeint ist Gottlob Dietrich Miller (1753–1822), ein Vetter Johann Martin Millers, der in Göttingen Jura studierte, auch zum Hainbund gehörte, jedoch weitaus weniger produktiv und versiert war als sein Vetter. – *Johann Anton Leisewitz (1752–1806):* studierte Jura in Göttingen und war ab 1774 Mitglied des Hainbunds. – *Hier, wo mein Missgeschick mich hinverschlug:* Miller greift hier das Motiv des an ferne Gestade verbannten Dichters auf (vgl. Ovid, der vom Schwarzen Meer aus der Verbannung schreibt).

Der glückliche Bauer (S. 183 f.): Vermerk: »Komp. von Herrn Neefe, Rheineck und Sulzer in der Speyerischen Blumenlese«.

Die Betrogene (S. 185): Vermerk im Inhaltsverzeichnis: »Komp. von Herrn Walther in der angeführten Blumenlese«.

Wiegenlied einer Mutter (S. 186): Vermerk im Inhaltsverzeichnis: »Komp. von Herrn Kaiser in Zürich«.

An einen unzufriednen Freund (S. 186 f.): *beutst:* bietest.

Einladung aufs Land (S. 187 f.): *Hagedorne:* Weißdorn, dichte Sträucher oder Hecken.

Die Liebe (S. 188 f.): Fußnote bei Miller: »Da dieses Gedicht nebst den beiden folgenden auch außer dem Zusammenhang mit der Geschichte, in der sie vorkommen, kann verstanden und nach denen dazu gemachten vortrefflichen Kompositionen gesungen werden, so nahm ich keinen Anstand, es dieser Sammlung einzuverleiben.« Millers Roman »Siegwart. Eine Klostergeschichte« erschien erstmals 1776 in zwei Teilen und erzählt die Geschichte Xaver Siegwarts und seines besten Freundes Wilhelm von Kronhelm. Während sich Kronhelm unsterblich in Siegwarts Schwester Therese verliebt, findet Siegwart gegen den Willen ihres Vaters an Mariane Fischer Gefallen und gibt sein Theologiestudium auf. Mariane wird von ihrem Vater in ein Kloster geschickt, wo sie von Siegwart zuerst zu befreien versucht und schließlich missverständlicherwiese für tot gehalten wird, woraufhin Siegwart nun selber Mönch zu werden beschließt. Nachdem Mariane nun wirklich tödlich erkrankt und unter Siegwarts Augen stirbt, sucht jener das Grab der Verstorbenen auf und erfriert dort. Im Roman trägt das Gedicht den Titel »Lied Thereses am Klavier«.

Der Gärtner (S. 190f.): Vermerk im Inhaltsverzeichnis: »Alle drei von Herrn Musikdirektor Türk in Halle und Herrn Sievers in Magdeburg komponiert. Auch beide von zwei oder drei andern, mir unbekannten Tonkünstlern und das mittlere von einer Fräulein von Münchhausen.« Gemeint sind die drei dem »Siegwart« entnommenen Gedichte »Die Liebe«, S. 188f., »Als Mariane am Klavier sang«, S. 189f. und »Der Gärtner«, S. 190f.

Liebestaumel (S. 192f.): Vermerk im Inhaltsverzeichnis: »Komp. von Herrn Kaiser«.

An meine Geliebte (S.194f.): schilt: »von sich hören lassen, mit starker lauter Stimme sprechen« (Adelung, GkW). – verstieben: zu Staub zerfallen, sich verflüchtigen.

An C. F. Cramer, Professor in Kiel (S. 196): Carl Friedrich Cramer (1752–1807), Mitglied des Göttinger Hainbundes und nach seiner Zeit im damals dänischen Kiel einflussreicher Übersetzer aus dem Französischen, Anhänger der französischen Revolution (vgl. Anm. zu »An meine Freunde in Göttingen«, S. 180 ff.). – O Cramer! fliehen sahn wir sie: Anmerkung bei Miller: »Die Grafen Stolberg, Clauswitz, Hölty, Leisewitz u. a.«

Der Sturm (S. 197): Der Verliebte, der Regen und Sturm zum Trotz seinem Mädchen zueilt (vgl. Goethes »Wandrers Sturmlied«).

Die Zufriedenheit (S. 202f.): Vermerk im Inhaltsverzeichnis: »Komp. von Herrn Neefe und Herrn Rheineck«. – Da heißt die Welt ein Jammertal: vgl. das biblische Motiv des Tals der Tränen.

An Miller. Von dem Hutmacher Städele in Memmingen (S. 204f.): Städele: Christoph Städeles (1744–1811) ›Fanpost‹ an Miller darf als epigonaler Gefühlsausbruch eines begeisterten Lesers verstanden werden, den Miller wohl nur um seiner Antwort willen abdrucken lässt. Hölty galt als Genie und wurde dermaßen bewundert und verehrt, dass sein früher Tod große Bestürzung auslöste. Auch Karl Philipp Moritz alias Anton Reiser versucht im gleichnamigen Roman über Höltys jüngeren Bruder, einen seiner Mitschüler in Hannover, etwas von des bewunderten Dichters Nimbus gleichsam zu erhaschen. Anmerkung Millers: »Dieses Gedicht, worauf das folgende gewissermaßen eine Antwort ist, bezieht sich auf die von mir entworfene und als Beilage zu der Schubart'schen deutschen Chronik gedruckte, kurze Schilderung des Charakters meines seligen Freundes Hölty, die hier im Anhang abgedruckt ist.« Auf einen Abdruck des erwähnten Aufsatzes wurde in dieser Ausgabe verzichtet. Er findet sich in der von Walter Hettche herausgegebenen kritischen Studienausgabe der »Gesammelten Werke und Briefe« Höltys (Göttingen 1998).

Auf den Tod meines seligen Freundes Hölty (S. 205–208): *An meiner Donau welkendem Gestade:* Den frühen Tod Höltys nimmt Miller zum Anlass, den oben genannten Aufsatz zu Hölty zu verfassen und in Form eines Gedichts noch einmal über die Jahre in Göttingen und die Zeiten des Hains zu reflektieren. – *Umher zerstreut auf Deutschlands weiten Fluren:* Zur der Zeit, in der das Gedicht entstand, sind die Hainbündler bereits in alle Himmelsrichtungen verstreut: Miller in Ulm, die beiden Stolbergs in Kopenhagen, Voß ab 1782 in Eutin. Miller und Voß stehen noch einige Jahre in unregelmäßigem Briefkontakt, er und seine Frau besuchen Miller 1804 in Ulm und planen einen weiteren Besuch, zu dem es aber nicht mehr kommt. 1819/20 besiegeln mehrere Streitschriften zwischen den mittlerweile anderweitig orientierten Altmitgliedern Voß und Stolberg endgültig das Andenken des Bundes.

Schubart an Miller (S. 208 f.): Anmerkung Millers im Inhaltsverzeichnis: »Ohne mein Erinnern weiß wohl jeder, dass dies der arme, gefangene Schubart ist. Ach, er prophezeite sich von dem Jahr 1777 so viel Gutes, und es brachte ihn ins Gefängnis!« Christian Friedrich Daniel Schubart (1739–1791), Komponist, Schriftsteller und enger Freund Millers in Ulm, der hier in Dankbarkeit über das zurückliegende Jahr berichtet und selbst als Schriftsteller tätig, zu dieser Zeit jedoch vor allem als Komponist bekannt war, zählte nach Millers Rückkehr nach Ulm zu dessen engeren Freunden in der Vaterstadt und vertonte auch einige Miller-Gedichte. Liest man das hier abgedruckte Gedicht Schubarts vor dem Hintergrund seiner Verhaftung Ende Januar 1777, also nur einen Monat nach der Abfassung dieser Zeilen, und der daran anschließenden, fast zweijährigen Haft zum Zwecke der »Umerziehung« auf der Festung Asperg, ergibt sich ein scharfer Kontrast.

Antwort an Schubart (S. 209 f.): *beut:* bietet.

Ein Brautlied (S. 215 ff.): Vermerk im Inhaltsverzeichnis: »Einzeln gedruckt«. – *Auf den Triften:* auf der Flur.

Am Hochzeittage meiner lieben Schwester (S. 217 f.): Johann Ludwig Mündler und Millers Schwester Anna Maria. – *Als da ich jüngst am Brautaltar / Mit meinem Weibchen kniete:* Nur wenige Monate zuvor, am 4. Juli 1780, hatte Miller sich mit seiner ersten Frau Anna Magdalena Spranger verheiratet. Kurz zuvor, im April desselben Jahres, hatte er seine erste Stelle als Pfarrer in dem Dorf »Jungingen, nahe bei Ulm« angetreten. Die Ehe blieb kinderlos.

Gedichte, zumal solche, die man üblicherweise als »lyrisch« bezeichnen würde, haben, auch wenn ihre Orte die Bücher sind, mit Gesang und also mit Musik zu tun. Nicht nur tragen sie mit der Lyra ein antikes Saiteninstrument als Patin im Gattungsnamen – Rhythmus und Regelmäßigkeit machen aus dem freien Parlando ihrer Worte im Alltag strukturierte, zu Versen und Strophen gebundene Sprache. Zum reinen Erleben der Worte als Handlung kommt so ein zusätzliches Erlebnis von Stimme und Ohren. Ursprünglich aus der Verlegenheit entstanden, zum mündlichen Vortrag bestimmte Texte leichter einprägsam zu machen, bedarf der künstlich organisierte Sprachverlauf eines Gedichts, der es auf Ähnlichkeiten in Satzbau, Wortwahl und Wortsinn abgesehen hat, mehr als der jeder anderen Gattung der schriftlichen Fixierung. Während Geschichten als Fabeln dem Sinn nach auch ohne allzu großen Verlust mit ähnlichen, aber anderen Worten nacherzählt werden können, gilt in gebundener Sprache: Je *lyrischer* ein Text, desto wichtiger wiegt jedes einzelne seiner Worte. Um Metrum, Reim und semantische Bedeutung zugleich beibehalten zu können, bietet sich anstelle eines bestimmten Worts im Zweifel oft kein zweites an. Nicht zuletzt zeigt sich die Nähe der Dichtung zur Musik auch im technischen Vokabular beider Fächer: Ballade, Ode, Lied und Elegie finden sich im Titel von Gedichten gleichermaßen wie als Bezeichnung musikalischer Formen.

Im Werk des Ulmer Lyrikers und zeitweise im ganzen deutschen Sprachraum bekannten »Liederdichters« Johann Martin Miller (1750–1814) zeigt sich der Bezug der Lyrik zu Musik und Mündlichkeit gleich in mehrerlei Hinsicht. Wie in fast keinem Werk eines anderen Dichters sind beide, was ihre Bedeutung als ästhetisch-programmatischer Leitfaden innerhalb des Werks wie auch als primäres Medium seiner Rezeption angeht, die zentralen Aspekte. *Lieder,* wie sie fast ausnahmslos bei Miller heißen – und beinahe nie »Gedichte« –, werden gesungen. Der Dichter spricht von sich als Sänger; Harfe, Flöte, Leier, Schalmei und Saitenspiel als seine Attribute signalisieren das Anheben der Sprache selbst, Vogelgesang und seufzende Hirten, klagende Nonnen und bange Mädchenstimmen stehen fast immer für ihren idealen Tonfall.

Miller, ein Zeitgenosse Goethes und Schillers, dessen Todestag sich 2014 zum 200. Mal jährt, ist heute beinahe vollständig vergessen und, wenn überhaupt, bloße Randnotiz der Literaturgeschichte. Während die beiden klassischen Apostel des heute von sich selbst gerne so bezeichneten »Lands der Dichter und Denker« zwischen Genius und Gottheit, Wanderer und Sturmlied noch in den Kinderschuhen ihrer Karrieren erste Schritte auf dem literarischen Parkett einer Zeit wagten, in der Dichtung als in deutscher Sprache verfasste Texte noch nach ganz anderen Mustern und Regeln funktionierte als heute, war Miller, seinerseits noch in Kinderschuhen und gerade zum Studium aus seiner Heimatstadt Ulm nach Göttingen gezogen, für wenige Jahre Zeuge einer in der deutschen Literaturgeschichte bis heute einmaligen und mit Blick auf die Ästhetik des nachfolgenden Geniezeitalters völlig unzeitgemäß wirkenden Zusammenkunft. Mit feierlichem Schwur und Handschlag begründete er 1772 ein zunächst als Freundes- und dann erst als Dichterkreis verstandenes Autorenkollektiv mit, welches später unter dem Namen »Göttinger Hain« in die Geschichte einging. Die Mitglieder jenes Bundes, junge Männer, die alle zwischen 1770 und 1774 die Göttinger Universität bezogen, verkehrten untereinander, wohl nicht ganz ernst gemeint, unter literarischen Pseudonymen. Unter dem Eindruck eines einerseits hochnervösen, auf Empfindung und Gefühl bedachten Zeitgeists und einer andererseits in genau diesen beiden Punkten am Nerv jener Zeit anliegenden Lyrik, die vom Übervater und Messias des Bundes, Friedrich Gottlieb Klopstock, vom Zürcher See aus geradezu neu gestiftet und zur idealen Form der Kommunikation erhoben worden war, gründeten die jungen Schwärmer einen Zirkel, der zunächst auf Freundschaft, Treue und gemeinsame Werte und später auf nichts weniger als auf das kollektive Verfassen und Verbessern in dieser Art gemachter Texte abzielte. Dabei erhoben sie Einfachheit und Nähe zur Natur zu den über allem stehenden Idealen ihrer Dichtung. Auf die Poetik Millers, der den bundinternen Bardennamen »Minnehold« trug, dürfte die gerade aufkommende Rezeption des mittelalterlichen Minnesangs und seine Ästhetisierung des Liedes den bei weitem größten Einfluss gehabt haben.

Von einem während einer sagenhaften Mondnacht vor den Toren Göttingens eingeweihten Bundesbuch besaß jedes Mitglied ein Exemplar. Die Gedichte, die Miller und seine Freunde darin eintrugen, sind künstlerische Gebilde und Werkstattbericht zugleich. Dass sie auch als ersteres gedacht sind und nicht nur als hermetische Spielerei, zeigt allein schon ihre Veröffentlichung im jährlich erscheinenden Publikationsorgan des Bundes, dem »Göttinger Musenalmanach«. Dichten und Kommunikation fallen dabei in eins: Das Dichten ist zuerst als Kommunikation zu verstehen, und umgekehrt. Nicht zuletzt muss der Hainbund selbst, sein Werden und Wirken, oftmals thematisch herhalten, um in den Gedichten allgemeinere Motive wie Freundschaft und Treue zu verhandeln. Diese Tatsache macht die Gedichte einerseits, was ihre Relevanz aus heutiger Sicht anbelangt, zu mitunter schwer zugänglich scheinenden Gebilden, deren Bedeutung sich erst mit der Kenntnis ihrer Entstehungsumstände zu entfalten scheint. Andererseits lässt jedoch genau diese Tatsache, dass die Kunst zugleich immer auch Werkstattbericht ist, auch Einblicke in die anderen Tatsachen ihrer Ästhetik zu, macht man sich nur einmal mit den biografisch-zeithistorischen Umständen ihrer Entstehung vertraut.

Und die Auseinandersetzung mit den Gedichten des Göttinger Hains lohnt sich. Denn mit welcher Versiertheit und sprachlichen Gewandtheit die Dichter ein begrenztes Spektrum an Themen unter der Prämisse der größtmöglichen Einfachheit bearbeiteten, wird auch und besonders am Werk Johann Martin Millers deutlich. Er war der bei weitem produktivste unter den Hainbündlern und veröffentlichte einen Großteil der in dieser Zeit entstandenen und zunächst in den Almanachen publizierten Gedichte, samt fünfzig weiterer, 1783 in einer eigenen kleinen Sammlung, neun Jahre nach dem Zerfall des Bundes. Der vorliegende Band gibt über 230 Jahre nach ihrem erstmaligen und einzigen Erscheinen und genau 200 Jahre nach dem Tod ihres Verfassers diese Sammlung wieder. Obwohl Miller weitaus mehr Gedichte verfasst und auch veröffentlicht hat, sah er den Band tatsächlich als Werk letzter Hand an: »Was hier nicht in die Sammlung aufgenommen ist«, schreibt er im Vorbericht dieser Ausgabe, »erkenn ich nicht mehr für meine Arbeit.« Neben Liebesgedichten, Hirtenweisen und Liedern an den Mond, die den bei weitem größten Teil der insgesamt 154 Gedichte ausmachen, und einigen aus heutiger Sicht kaum noch akzeptablen Liedern in Vaterlandsmanier, finden sich auch an die anderen Mitglieder gerichtete Briefe und Repliken in Versform. Kommunikation stand über allem – nicht nur die der Hainbündler untereinander, sondern auch diejenige innerhalb der Erzählwelt der Gedichte. An den Mond, an ein Röschen, das Mädchen, den Engel, die Götter, sich selbst – die Liste der Gedichttitel bei Miller mit anlautendem »An« ist lang. Waren es in der Antike noch die Musen und im Mittelalter der Minne dann die vom Sänger Geminnte, die als Empfängerinnen am anderen Ende der poetischen Leitung standen und lauschten, sind es bei Miller stets stumme Zeugen des eigenen (Un-)Glücks, an die adressiert wird. Ein bloßes Klagen in Selbstreferenz allein wäre zu eindimensional.

Der Ulmer Lyriker war jedoch nicht nur der bei weitem produktivste im Bunde, sondern nach der Rückkehr in seine Vaterstadt Ulm 1776 auch der Verfasser zeitweise höchst erfolgreicher und beim Publikum ungemein beliebter Prosa. Das bekannteste Werk, die buchlange Klostergeschichte um den empfindsamen Jüngling Siegwart, war seinerzeit der größte Kassenschlager nach Goethes »Werther« und entstand zeitgleich mit dem bis heute prominentesten der Gedichte Millers – und wohl auch einem der letzten: der »Zufriedenheit«. »Siegwart. Eine Klostergeschichte«, so der Romantitel im vollen Woraut, erschien in drei Bänden und ist mit Blick auf das ungeheure Echo bei der Leserschaft in der Nachfolge, nicht aber der Nachahmung des Goetheschen »Werthers« zu sehen. So löste er ein dem legendären Wertherfieber vergleichbares Siegwartfieber unter Deutschlands lesender Jugend aus. Anton Reiser etwa, der Titelheld des gleichnamigen Romans von Karl Philipp Moritz und zeitgenössischer Rezipient, fasst bei der Lektüre des »Siegwarts« kurzerhand den Entschluss, »die ganze Geschichte in ein historisches Trauerspiel zu bringen«, wozu er dann auch wirklich »allerlei Entwürfe« zu machen beginnt. Doch aller Erfolge zum Trotz: Was Miller in der Lyrik gelang, schien ihm in der Prosa offensichtlich zu misslingen. In der Verfertigung empfindsamer Texte begann er sich bald zu wiederholen. Deshalb wollte dem »Siegwart« auch nichts Vergleichbares mehr folgen – beziehungsweise, und das war das Verhängnis, nur allzu Vergleichbares, in Thematik sowohl als auch der Motivik bisweilen Redundantes. So mahnt ihn der Freund Voß, mit dem er auch nach den Göttinger Jahren noch sporadisch in Kontakt stand, aus der Ferne, dass »Darstellung […] doch wohl nicht die einzige Eigenschaft des großen Dichters [sei], sondern eben auch Erfindung«. Und so tut sich auch der fiktive Anton Reiser, der hier für den Autor Moritz selbst stehen darf, »bei der entsetzlichsten Langeweile« doch erheblichen »Zwang an, in der einmal angefangenen Rührung […] alle drei Bände« des »Siegwarts« »hindurch zu bleiben«.

Nachdem 1774 die meisten der Dichterfreunde Göttingen bereits verlassen hatten und auch Miller auf Abruf stand, löste sich der Bund nach und nach auf. Die Pläne für eine Weiterführung im Schriftlichen waren zahlreich, allein es blieb bei Plänen. Die Rückkehr nach Ulm erfolgte schließlich wohl nicht ganz freiwillig und über lange Umwege nach Leipzig und Klopstocks Heimat Hamburg im August des Jahres 1775. Nach allem, was sich aus Briefen und dem Verlauf seiner nachmaligen Lebensumstände herauslesen lässt, verlebte Miller zwischen 1772 und 1775 wohl die beste Zeit seines Lebens, der er noch lange nachtrauern würde. Seine lyrische Produktion bricht beinahe gleichzeitig mit der Rückkehr in seine Vaterstadt ab. Im Urteil Konrad Friedrich Köhlers, eines engen Freundes Millers in Ulm, der nach dessen Tod eine ausführliche Biografie verfasste, heißt es: »Sowie aber Miller Göttingen verließ, schien ihm auch sein Genius verlassen zu haben, und was er nachher dichtete, war meistens unbedeutend.« Zwar erscheint kurz nach der Rückkehr in Ulm mit der »Zufriedenheit« noch das bis heute prominenteste Gedicht, doch fällt die geografische Veränderung seiner Lebensumstände mit einem biografischen Bruch zusammen, der sich nicht zuletzt auch im Genrewechsel zur Prosa bemerkbar macht. Doch auch deren Produktion versiegt allmählich, und mit dem Eintritt in den Ehestand 1780, spätestens aber von 1790 an endet seine Tätigkeit als Schriftsteller.

Den Rest seines Lebens verbrachte Miller als Lehrer und vor allem Prediger am Ulmer Münster eher unglücklich innerhalb der Mauern seiner Heimatstadt, wo er 1814 starb – nur ein Jahr, bevor kein geringerer als Ludwig van Beethoven die »Zufriedenheit« entdecken und darüber eine kurze Melodie in sein Skizzenbuch notieren sollte. Sie steht, wenn man will, sinnbildlich für Millers postumen Rang und die kuriose Rezeption seiner Lyrik, welche in ihren bedeutendsten Ausprägungen meist ohne den Namen ihres Verfasser erfolgte. Miller hat von der Beschäftigung Beethovens mit seinen Versen ebenso wenig erfahren wie von der Aufnahme derselben in ein Lustspiel von August Willhelm Iffland – wo Miller noch nicht einmal als der Verfasser auftaucht. Und auch von einer weiteren, der bis heute bekanntesten Komposition eines seiner Werke, hat er nie erfahren: »Die Zufriedenheit« und ihre bekannten Eingansverse »Was frag ich viel nach Geld und Gut« waren nicht nur jahrzehntelang fester Bestandteil des deutschen Liedguts; kein geringerer als Wolfgang Amadeus Mozart stiftete ihnen eine Melodie, die sie endgültig zu einem echten »Hit« werden ließ. Wenn sich über Millers lyrisches Schaffen sagen lässt, es habe mit Blick auf sein ästhetisches Ideal mit der Musik als der mit der Lyrik am nächsten verwandten Gattung zu tun wie kaum ein zweites, so lässt sich seine Rezeption und vor allem sein Eindruck auf das Schreiben späterer Dichter gar nicht unabhängig von ihr und dem Prädikat des »Liedertons« denken. Die von Köhler verfasste Biografie gibt auch über *Millers* Verhältnis zum eigenen Werk und Wirken Aufschluss. So habe er Köhler, »dem Verfasser dieses Aufsatzes öfters gesagt, dass er sich glücklich preisen würde, wenn eines seiner Lieder des Abends von Handwerksgesellen unter seinen Fenstern gesungen würde«. Freilich, muss man sagen, ist Millers Wunsch nichts weiter als utopische Träumerei, die mit demselben Vorbehalt zu verstehen ist, wie die augenfällig heile Welt, die dem Leser seines kurzen selbstverfassten Lebenslaufs aus dem Jahre 1793 (vgl. S. 223 ff.) entgegenschlägt. Ist letzterer eben als eine zu dieser Zeit verfasste, öffentlich erscheinende Biografie einer »ehedem« in der Öffentlichkeit stehenden Person zu lesen, die bestimmten bürgerlichen Mustern und Kriterien der Erzählung zu folgen hat, so ist Millers utopische Vorstellung vom singenden Hirten und Handwerksgesellen als Selbstzweck seiner Lieder, welche ihren Verfasser im Moment des Absingens idealerweise vergessen machen ließen, nichts weiter als eben das: eine Utopie. Zurückzuführen ist dieses Denkmuster auf das ästhetisches Ideal einer intakten Hirtenwelt im Einklang mit der Natur, wie sie bei den antiken Dichtern Vergil oder Theokrit aufzufinden ist und zu Millers Zeit in Salomon Gessners fixen Idee der »goldnen Zeit«, die er in seinen »Idyllen« entwarf, zu neuer Form fand; nicht weniger beruht sie auf einem bürgerlich-intakten Kosmos, wie er später in Wagners »Meistersingern« und heute noch hinter morschen Jägerzaunlatten in der Sonntagnachmittagsidylle vorvorstädtischer Schrebergärtenruhe anzutreffen ist. Als bürgerlich-pietistische Idylle, als verfrühter Biedermeier in einem in unterschiedlichste Königreiche aufgesplitterten Deutschland noch lange vor jedem einheitlichen »deutschen Vaterland« (Sauder, S. 23) sind auch die rabiaten, patriotisch-deutschtümelnden Trink- und Vaterlandslieder zu verstehen, die bei Miller eben genauso zu finden sind wie die sentimentalsten und zärtlichsten Worte, die sich für das Regen der Liebe nur finden und denken lassen (zum Kulturpatriotismus in der Lyrik des Göttinger Hain vgl. Paul Kahls Edition des Bundesbuchs).

Bereits 1776, kurz nach dem Erscheinen der »Zufriedenheit« im Druck, gelangte auch ihre erste Vertonung als Liedblatt in den »Göttinger Musenalmanach«. Besorgt hatte sie ein Freund Millers aus dem Umfeld des Hains, der Leipziger Komponist und Lehrer Beethovens in Bonn, Christian Gottlob Neefe. Es ein produktions- und rezeptionsgeschichtliches Kuriosum in Bezug auf Millers lyrisches Werk, dass bei ihm das werkinterne ästhetische Ideal eines improvisierenden, scheinbar nicht auf Kunst und individualisierte Autorschaft, sondern bloßen Ausdruck der Empfindung bedachten Hirten/Barden in eins fällt mit einer Lyrik, die im Umfeld eines Autorenbundes bzw. einer damit einhergehenden Kollektivästhetik entstand. Sie ist das Produkt eines Dichters, dessen Verse durch Vertonungen und mündliche Weitergabe zum Volks- und Allgemeingut, teilweise zu feststehenden Wendungen im Sprachgebrauch wurden, während er selbst, überschattet von der nachfolgenden Generation der Klassiker und genialischen Autorenindividuen, im Ungefähr der Literaturgeschichte verschwand. Miller ist, darauf verweist Bernd Breitenbruch in seinem ausführlichen Ausstellungskatalog zu Millers Leben und Werk, mit über 220 Vertonungen sogar einer der meistvertonten Dichter deutscher Sprache, noch vor Goethe, Klopstock und Schiller. Dieselbe Diskrepanz zwischen imaginierter Rolle und der tatsächlichen Lage der Dinge offenbart sich auch in Millers Gedichten selbst, betrachtet man das Verhältnis von idealer Verfertigungsästhetik und den tatsächlichen handwerklichen Erfordernissen, die notwendig waren und sind, um aus dem textgewordenen, rein empfindelndem Ungefähr jugendlichen Bedürfnisses nach sozialer Eingebundenheit, von dem es zu dieser wie zu jeder anderen Zeit en masse gab, handwerklich gut gemachte, solide Poesie entstehen zu lassen.

Und gerade das ist es, was Miller gelang. Die Verfertigung, also genau jener Prozess, der in der eingangs beschriebenen Art und Weise auf Rhythmus und Regelmäßigkeit, das Gleiche im Verschiedenen der sonst freien Sprache abzielt, ist gerade *wegen* der erstrebten Einfachheit der Miller'schen Verse ein nicht zu unterschätzendes Moment seiner Poetik. Es scheint nur auf den ersten Blick ein Paradox zu sein, dass gerade das auf Einfachheit ausgerichtete Dichtungsideal dann am besten gelingt, wenn es die erstrebte Einfachheit in der Produktion hinter sich lassen kann und hochgradig artifiziell wird. Nicht die natürliche Einfachheit, die künstlich erzeugte ist es, die Millers Verse von anderen, weniger gut gemachten Versuchen jener Zeit unterscheidet. Natürlich waren die vorgestellten Szenen – einsame Täler, freundliche Haine und sommerhelle Fluren, Arkadien und Eden eben – zur Mitte des 18. Jahrhunderts nicht nur landschaftlich längst nicht mehr Realität. Wenn das lyrische Ich im Gedicht »Der Wunsch« seufzt: »Und tausend Szenen – könnt ich sie / Wie ich sie fühle, singen / Und allen Reiz der Harmonie / Ins leichte Liedchen bringen«, dann fasst dieses Seufzen nicht nur genau das Auseinanderfallen von vorgestellter Welt und Wirklichkeit zusammen, es führt zugleich auch den Unterschied vor Augen, der zwischen dem Ideal des Hirtensängers und der Wirklichkeit eines aufs höchste professionalisierten Musikbetriebs zu dieser Zeit bestand. Und es ist genau jenes imaginierte, ideale Gegenbild zum so profanen Kunstbetrieb, auf das Miller abzielt, wenn er in einer der zahlreichen Repliken an die Bundesbrüder seinem Freund Johann Heinrich Voß mit Blick auf die Bedeutung der musikalischen Komponente in den eigenen Liedern auf

Nachfrage schriftlich bekennt: »Mich Johann Martin Miller / Hat Liederton und Triller / Mama Natur gelehrt.«

Es ist aber, geht man einen Schritt weiter und kehrt für einen Augenblick zur Verwandtschaft von Musik, Lyrik und Mündlichkeit zurück, genauso gut auch ein Statement mit Blick auf das *Woher* und *Warum* des Gesangs der Hirten, den auszudrücken ja das Ideal des Dichters als Hirtensänger darstellt. Es ist letztlich die Natur selbst, die schwingt oder klingt und durch den Dichter, der ihren Ton aufnimmt und singt, zur Sprache kommt – ganz dem romantischen Ideal vom Lied in allen Dingen verpflichtet. Wenn sich das Nachleben von Millers Versen nicht unabhängig von ihren Vertonungen und dem von ihrem Autor selbst geprägten Prädikat des »Liedertons« denken lässt, muss man letztlich feststellen, dass beides, Vertonungen und Liederton, eigentlich nur Ursache und Wirkung ein und desselben Aspekts sind. Was die Vielzahl an Komponisten zur Beschäftigung mit Millers Versen veranlasst hat und Autoren wie Eduard Mörike, der 1837 noch den »alten guten Miller in Ulm« kennt, auf den Liederdichter wie auf ein wohlbekanntes Buch hat Bezug nehmen lassen, ist zugleich das, was Millers Verse bis heute einzigartig macht: ihre Poetik, das Ideal des Liedes und die Ästhetik des Sängers und Empfinders als idealer Dichter, das, was ihn eben »Mama Natur« gelehrt hat; auf all das wollen Friedrich Rückert, Eduard Mörike oder auch Anton Reiser verweisen, wenn sie den Namen Miller quasi als *trademark* verwenden und es von letzterem heißt, er pflegte »oft des Abends im Mondenschein hinauszugehn, und auch wohl mitunter ein wenig zu »siegwartisieren«. Und nicht zuletzt ist es auch genau wieder eine solche *trademark,* die Goethe quasi ex negativo bemüht, wenn er in »Dichtung und Wahrheit« den eigenen Jugendstil mit Blick auf Millers ähnliches poetisches Verfahren als »frauenzimmerlich« verunglimpft. Bei Miller lässt sich verfolgen, wie mit einer selten so konsequent ausgeführten Ausschließlichkeit das Ideal der Dichtung als tonloser Musik in Buchstaben einem ganzen Werk Gestalt und Form verleiht. Wann immer Komponisten auf eine textliche Vorlage aus waren, die dem Klang nach dem Munde der Natur entsprungen sein könnte, fanden sie bei Miller, was sein Name verspricht: »Liederton und Triller.«

So wie der Musiker seine Lyra stimmen und in verschiedenen Tonarten und Registern auf ihr spielen kann, sind es bei Miller verschiedene Töne als unterschiedliche Register des Sprechens, die der Dichter ganz der auszudrückenden Stimmung nach anschlägt. »Hell« und »melodienreich« müssen dem Dichter am Hochzeitstag der Schwester die »Saiten […] erschallen«, Tränen, die im Trauerton »herab auf [s]eine Harfe rinnen, / Verstimmen ihren Silberklang!« (S. 205), wenn es gilt, den frühen Tod des Dichterfreundes Hölty zu beklagen. »Erschallt im hohen Jubelklang«, ruft das Mädchen in einem anderen Gedicht seinem Saitenspiel zu, weil es mit Agathon den Geliebten nun für sich allein weiß; im »Dankeston« stimmt Miller als Sohn ein Gloria auf die Genesung des eigenen Vaters an; dem verliebten Amyntas stimmen gleich die »schneebedeckten Höhen« in den Klageton ein, wenn er die Herzensdame auf dem Schlitten eines anderen vorbeifahren sehen muss, und »der frommen Freude Lieder« sind mit einem Mal »in Trauerton verkehrt«, wenn nach dem ersten Regen der Liebe im Mai notwendigerweise die ersten Regenschauer das Frühlingslied eintrüben. Ton und Saitenstimmung richten sich dabei immer nach dem Anlass des Gedichts, der stets mitschwingt und auch kommuniziert wird: die Hochzeit der Schwester, der Anblick der Liebsten mit einem andern, die unverhoffte Genesung des Vaters. Der Grat zum Gelegenheitsgedicht, zur bloßen Gebrauchslyrik ist dabei schmal und wird in den jüngeren Gedichten der Ulmer Jahre, als Miller nur noch aus konkretem Anlass dichtete, nicht selten auch überschritten.

Die Themen und Bilder der Miller'schen Lieder sind keine anderen als die in den Charts von heute: *Kann ich ihr trauen, wird er meine Liebe erwidern, werden wir uns wiedersehen, und wie lange währt die ewige Liebe?,* lauten die Fragen damals wie heute. Wer beim so sicher wie sehnsuchtsvoll erwarteten Anblick der künftigen Geliebten als »süßes Schattenbild« auf der Netzhaut des lyrischen Ichs (S. 95) etwa an Buddy Hollys »Everyday« denken will, liegt genauso richtig, wie wenn er die immer im Welken begriffenen Fluren der »Todeserinnerung« (S. 109) mit dem pochenden *memento mori* des Barock oder dem auch im Idyll lauernden Tod des *et in arcadia ego* assoziiert. Sehnsucht, Abschied, Eifersucht und Fernsein, Trauer – all das sind Themen nicht nur von gestern: »Andre sieht er freundlich an, / Scheut sich, mir sich nur zu nahn! / Den ich sonst allein entzückte, / Der auf mich alleine blickte, / Sieht nur andre freundlich an!« (»Die Betrogene«, S. 185)

Probleme also, die auch heute noch junge Menschen beschäftigen und durch Popsongs und Lieder ihren Weg an die Oberfläche des Alltags finden, nur eben 200 Jahre später und in einer Welt, in der sich nicht mehr Hirten weinend die Freuden und Leiden der Liebe klagen, sondern College-Studenten und alternde Singles in Großstädten. Bei Miller werden diese Motive noch mit einem ganzen Handapparat an bukolischen Motiven ausgestattet, angereichert und verrechnet – das Personeninventar reicht von den Göttern des antiken Olymps bis hin zu den Damons, Chloes und Daphnes der Vergil'schen Bukolik. Wie zeitgemäß diese Settings zu Millers Zeit waren, und wie selbstverständlich ihre Verrechnung mit den Gefühlen des Lebens ihren Zeitgenossen, zeigt auch Millers Bekanntheit als »Nonnenlieddichter«, als welcher er auf seiner Rückreise von Göttingen immer wieder von lesenden Passanten erkannt wird, wie der Biograf Köhler aus Erzählungen zu berichten weiß. Gemeint sind die auch in dieser Sammlung vertretenen, aus heutiger Sicht thematisch mitunter etwas schwer verdaulichen Gespräche unfreiwillig oder tragischerweise in der Sicherheit des Kloster verwahrten Nonnen (S. 112, 114, 135, 139, 153,

155, 160) mit ihren Nächstverwandten. Das Eingesperrtsein im Kloster und die Unmöglichkeit der eigentlichen, herzensreinen Liebe nimmt im Setting schon viel des Klostersujets aus dem »Siegwart«-Plot vorweg, wo nach einiger Verwirrung und Verwechslung am Ende der Titelheld auf dem Grab der geliebten Mariane erfriert.

In ihren besten Momenten entwerfen Millers Gedichte jedoch gleichsam mit ihrem Initialvers ein in ein landschaftliches Idyll verpacktes poetologisches Programm, dessen ganze Raffinesse in der bewusst gewählten Einfachheit nicht nur ihrer Bilder liegt. So ist es im Lied »An ein paar Ringeltäubchen« (S. 55) wiederum der idealtypische Dichter, der sich im Gewand des »Lämmerhirten« als das beobachtende Ich in die zweite Strophe des schwer-leichten Versflusses einmischt und -schleicht und so die traute Tauben-Miniatur beinahe balladesk zum Bild der eigenen noch unerfüllten Liebe ausspannt. Der Einfachheit des vorgestellten Sujets – Schäfer, Hain und Schäferin, Wasserfälle, Nachtigallenlied und trautes Heim –, die in der Literatur dieser Zeit keine Seltenheit, in so gekonnter Form bespielt aber eine Rarität ist, wird dann die Form angepasst – nicht ohne aber noch im Detail Millers schlichte Meisterschaft im traumwandlerischen Setzen der Worte zu offenbaren, wenn Wasserfälle etwa einst in »grünen Finsternissen […] minder« brausen, mit anlautendem »t« der »fromme […] Tauber« schließlich »tiefer in den Hain« gebeten wird und »Friede wallt auf allen Wegen« (S. 56), während das um des Endreims willen vorgezogene Verb zu Beginn und Ende der Strophen 3 und 4 vom Duktus entfernt an den Beginn von T. S. Eliots »Waste Land« denken lässt; so virtuos und gleichzeitig wie nebenbei bedient sich Miller des natürlichen Sprachflusses. Wie sicher er Worte zu setzen weiß, wie mühelos, wird beispielhaft in seiner eigenwilligen Nachdichtung der bekannten altenglischen Ballade »The Passionate Shepherd to His Love« von Christopher Marlowe deutlich (»Der verliebte Schäfer an sein Liebchen«, S. 44), wo es ihm mühelos gelingt, für die fremden englischen Worte und Bilder nicht nur Entsprechungen im Deutschen zu finden, sondern eigene Worte und Bilder aus dem eigenen Handwerkskasten seiner Liedkunst und die Vorlage am Ende sogar noch um vier Verse und selbst erdachte Bilder von »Korallen« und »Rebenranken« freimütig verlängert.

Wie beinahe alle Millergedichte ist auch das an die »Ringeltäubchen« ein Rollengedicht, und die darin vorkommenden Dinge, Tiere und Götter dienen in verteilten Rollen als Zeugen der heraufbeschworenen Szenen des Schmerzes oder, wie hier, der Liebe und Hoffnung. Und ist es in »Der Wunsch« (S. 18) das Orpheus'sche Besingenwollen der Dinge und deren Aufzählung, die »tausend Szenen«, das einem weitausholenden Kameraschwenk gleich die Dinge zuerst wie im Stillleben vorstellt und schließlich auch in Bewegung bringt, dem Abend entgegenführt, der »mit einem Mal / Den halben Himmel rötet« und so eine zeitliche Dimension, ein Nacheinander in das räumliche Neben- und Miteinander einführt, so ist es in dem Lied an die »Ringeltäubchen« am

Anfang ein anderes filmisches Mittel, das die Miniatur zunächst zum Stilleben mit Zukunftperspektive macht: der Zoom. Alle stummen und tauben Zeugen – die Götter reden ebenso wenig zurück wie der Mond und die Täubchen, die Pappel, der Hain, und genau deshalb werden sie auch zum ewig-zeitlichen Ohr des singenden Hirtendichters – werden mit frommen Wünschen bedacht und so in die eigene Erwartungshaltung des Verliebten miteinbezogen. Und am Ende gelingt auch die Rückführung ins Kleine, wenn die Tauben in der Vorstellung des Hirten dann in einer möglichen Zukunft mit der Geliebten tatsächlich die Körner vor der gemeinsam bewohnten Hütte picken, die des Winters dort gestreut werden oder nicht. Und die Hoffnung scheint dann wirklich aufzukeimen, wenn sich die Tauben, wer weiß?, in den Schlussversen tatsächlich zu dem Beobachtenden hinzubewegen scheinen und das Bild in der Rückführung im *zoom-in* zwischen Schweifreim und trochäischer Einfachheit dann wieder zur Miniatur wird.

Über die Einflüsse des Miller'schen Dichtens gibt uns eines der Gedichte selbst einigen Aufschluss. Im Gewand des »Bücherfabrikanten« (S. 48) nennt das lyrische Ich neben der antiken Eklogendichtung Vergils und Theokrits auch die beiden Zeitgenossen Gellert und Klopstock sowie den griechischen Dichter Anakreon, der zu jener Zeit mit seinen sehr einfachen Versen Vorlage für beinahe noch einfachere Nachahmungen im Stile der Anakreontik war. Die Miller'schen Kategorien sind einerseits freilich von denen der Klopstock'schen Poetik nicht weit entfernt, beschränken sich letztlich jedoch auf einzelne Aspekte derselben. Andererseits gehen sie auf Einflüsse des schwäbischen Minnesangs zurück, der nach Erscheinen der Ausgaben von Johann Jakob Bodmer 1757/58 auch im Kreise der Hainbündler eifrig rezipiert wurde. Millers Gedichte verhandeln dieselben zentralen Kategorien wie die Minnelieder des Mittelalters, was auch an Millers Adaption einer Pastourelle Walthers von der Vogelweide in dem Gedicht »Lied eines Mädchens« gut zu erkennen ist (das sich genau genommen von den restlichen Liedern Millers bis auf die Unterüberschrift mit der Nennung Walthers nicht allzu sehr unterscheidet), und vermengen sie mit der antiken Götter- und Mythenwelt, die die Rezeption des großen Vorbilds Klopstock zu dem maßgeblichen Bezugshorizont der Hainbündler werden ließ. Von jenen die Form, von diesem die Stoffe, dazu die Rezeption des sagenhaften keltischen Barden Ossian – diese Gemengelage, gepaart mit Millers ureigenem Talent, tatsächlich singbare Verse zu »machen«, ergibt den unverwechselbaren »Liederton« Millers, der noch vor den Romantikern und ihren »Wunderhorn«-Texten ideal- und archetypische Landschaften entwirft, die mehr als poetisches Bild für andere Topoi denn als romantische Weltflucht zu verstehen sind und alles andere als biedermeierlich und im besten Fall auch nur im Ansatz dem heutigen Verständnis nach »kitschig« wirken.

Eine Auszeichnung der Miller'schen Verse, und nicht, wie zu vermuten stünde, ein handwerklicher Mangel, ist ihre relative und auch relativ offen aus-

gestellte Einfachheit. Das mag zum einen dem Liedhaften, das Miller und sei-
nen Kollegen als Ideal galt, zuzuschreiben sein, ist aber in Ansehung von Sujet
und Handlung auch die intuitive Form zum Inhalt; wo Schäferinnen, Engel,
Bauern und Nonnen sprechen, denken und fühlen, sind es die bei Miller auch
in der vorliegenden Sammlung überwiegenden liedhaften, trochäischen oder
jambischen, selten dreigliedrigen Versfüße, die gelungen und natürlich klin-
gen – und nicht die gelegentlichen Ausflüge in die Gefilde der Klopstock'schen
alkäischen (S. 57, 168, 171, 184) oder asklepiadeischen (S. 66) Strophen. Das
bemerkten im regen schriftlichen Austausch nicht zuletzt auch die Kollegen
im Hainbund. Wohl aus gegebenem Anlass fordert der Herausgeber der ersten
Musenalmanache, Heinrich Christian Boie:»Millern sollt es gar verboten wer-
den, Oden zu machen, und alkäische besonders.«
      Miller ist und war kein im heutigen Sinne bedeutender oder großer Au-
tor; dafür reichen allein schon das Spektrum seiner Themen und die Vielfalt
im Ausdruck nicht aus; beide beschränken sich im Vergleich zu den wirklich
maßgebenden und prägenden Dichtern seiner Zeit, welche schlicht alle Arten
und Facetten des literarischen Ausdrucks virtuos beherrschten, auf praktisch
ein Register. Miller ist aber wohl der Meister dieses bestimmten Registers, ei-
ner lyrischen Spielart, die nachher und seitdem von verschiedensten Autoren,
sei es als Stilübung, -zitat oder schlicht als eben ein Register der gebundenen
Rede immer wieder bedient und bespielt wurde. Der»alte gute Miller«, als den
ihn Mörike kennt, verpasst dieser Art bewusst einfacher, liedhaft oder sanglich
gestalteter Rede im Ausdruck mit seinen beachtlichen Mitteln und Fähigkeiten
ein handwerkliches Ideal. Lässt sich auch viel – und viel Berechtigtes – gegen
Millers Stil und den»Mangel an Erfindung«vor allem in der motivischen
Arbeit sagen, mögen Stil und Sujet vor allem seiner Prosa noch so schnell über-
holt und übertroffen worden sein – im Metier des Lieds, seiner eigentlichen
literarischen Heimat, im Ton seiner Lieder, ist und bleibt er unübertroffen.
      Als eine»Blume, die der Morgenreif getötet« (S. 207) beschreibt Miller
in einem seiner letzten Gedichte vor seinem Verstummen den viel zu früh
verstorbenen Hainbundkollegen und wohl begabtesten Dichter im Kreise des
Hains, Ludwig Christoph Heinrich Hölty. Diese Charakterisierung bietet sich
in mehrerlei Hinsicht auch für Miller selbst an, sowohl was sein eigenes Werk
als auch sein Erleben der eigenen Biografie und letztlich den Rang des Hain-
bundes und der Empfindsamkeit im Allgemeinen in Vorgängerschaft zur weit-
aus prominenteren Generation der ihnen nachfolgenden deutschen Klassik
betrifft. Es ist anzunehmen, dass Miller wohl zeitlebens mit seiner Vaterstadt
Ulm nicht mehr warm werden konnte, aus seinem Briefwechsel geht hervor,
dass er nur ungern zurückgekehrt ist. Die Donaustadt war für Miller wohl in
künstlerischer Hinsicht vor allem eines: Isolation. Bis auf den seinerzeit als
Komponisten und heute vor allem als Vorlagenschreiber für Schillers»Räuber«
bekannten Dichter Christian Daniel Friedrich Schubart und den Memminger

Komponisten Christoph Rheineck hatte er in der zweiten Hälfte seines Lebens wenig nennenswerten Kontakt mit gleichgesinnten Kunstschaffenden. Die künstlerischen Zentren dieser Zeit lagen zweifellos anderswo: in Jena, Weimar, Hamburg, Berlin. Auch wenn seine an glückseliger Harmonie mit sich und der Welt kaum zu übertreffenden Selbstbiografie von 1793 gegenteilige Schlüsse ziehen lässt, hat Miller »[v]on der Mitte seines Lebens« an »die Stadt geradezu gehasst« (vgl. Breitenbruch).

Glaubt man Konrad Friedrich Köhler, dessen Lebensbeschreibung neben Millers Selbstbiografie und seinem Briefwechsel eine der Hauptquellen für sein Leben ist, dann hatte der alternde Dichter wohl zeitlebens noch eine zweite Auflage seiner Gedichte im Sinn: »Der Verfasser dieses Aufsatzes besitzt ein Exemplar derselben, in welches der sel[ige] Miller mit Bleistift sehr viele, freilich oft kaum leserliche Änderungen eingeschrieben hat. Er schien es also wohl auf eine zweite Auflage anzulegen, wozu es aber bei der Kälte und Gleichgültigkeit des deutschen Publikums gegen die Werke seiner besten Köpfe gewiss nie kommen wird. Wäre Miller ein englischer, französischer oder italienischer Dichter, wie oft wären seine Gedichte nicht schon aufgelegt worden. In Deutschland verkauft der Verleger noch immer an der ersten Auflage.«

Die vorliegende Ausgabe ist als Lesebuch gedacht, um die gesammelten Gedichte des Ulmer Lyrikers wieder leicht zugänglich zu machen. Mit Blick auf die Lesbarkeit der Gedichte und den Umfang dieser Ausgabe wurden Orthografie und Interpunktion behutsam modernisiert und auf einen allzu umfangreichen Kommentarteil bewusst verzichtet. Detailliertere Angaben zur Originalgestalt des Erstdrucks, zu Anspielungen, Vorlagen, Bezügen zu anderen Autoren des Hainbunds und den ersten Erscheinungsorten finden sich z. B. in Paul Kahls ausführlicher Kommentierung des Bundesbuchs, auf die schon mehrfach hingewiesen wurde, oder im Kommentarteil des von Manfred von Stosch herausgegebenen Briefwechsels zwischen Miller und Voß.

Wenn es Millers Ideal war, dass seine Lieder von Handwerksgesellen des Abends unter seinem Fenster gesungen werden würden, war das natürlich einerseits utopische Vorstellung einer Zeit, in der die Schäferidyllen eines Vergil schon längst nicht mehr Realität waren. Das Eingehen in ein geistiges Allgemeingut ist Miller jedoch gelungen. Und Millers Lieder lassen sich auch heute, im 21. Jahrhundert der Flieger, Windräder, Stromtrassen und Autobahnen, der Haine nur im Film und Hirtenlieder auf CD, noch immer singen. Und wer nicht singen kann und möchte, der darf lesen, leise oder laut, egal ob Handwerksgeselle, Geisteswissenschaftler oder stummer Freund der schönen Worte. Und wer Daphne, Chloe oder auch Seline (noch) nicht kennt, der denke sich ein schönes Mädchen zwischen Abendmonden, Nachtigallen und dem Westwind – denn die gibt es auch heute noch.

Berlin/New York, im August 2014

Weiterführende Literatur

Breitenbruch, Bernd: Johann Martin Miller. 1750–1814. Liederdichter des Göttinger Hain, Romancier, Prediger am Ulmer Münster. Ausstellungskatalog zum 250. Geburtstag. Veröffentlichungen der Stadtbibliothek Ulm. Bd. 20. Weißenhorn 2000.

Breitenbruch, Bernd: Johann Martin Millers Romane und ihre Nachdrucke. Mit Beiträgen zu den Reutlinger und Tübinger Nachdruckern. In: Jahrbuch des Freien Deutschen Hochstifts 2013.

Kahl, Paul: Das Bundesbuch des Göttinger Hains. Tübingen 2006.

Sauder, Gerhard: Bund auf ewig! Der »Göttinger Hain« 1772–1774. In: Lenz-Jahrbuch 19 (2012). St. Ingbert 2013.

Sauer, August (Hg.): Der Göttinger Dichterbund. Zweiter Teil: L. H. Chr. Hölty und J. M. Miller. Stuttgart [um 1895].

Stosch, Manfred von (Hg.): Der Briefwechsel zwischen J. M. Miller und J. H. Voß. Berlin 2012.

Watzka, Michael: Ein One-Hit-Wonder? Die Lyrik Johann Martin Millers in den Kompositionen seiner Zeitgenossen. In: Lenz-Jahrbuch 21 (2014). St. Ingbert 2015.

255